남정선 세법
단원별
진도별
OX
남정선 편저
문제집

2023 국가직 7·9급

- 단원별 핵심 기출지문을 빠짐없이 수록하여 고득점 완성
- 2023년 개정세법 완벽 반영하여 2023년 9.7급 완벽 대비
- 말문제 위주의 공무원 시험에서 가장 핵심적인 이론만 ox로 반복학습하여 효율적 암기 가능
- 세법개론 기본이론의 복습자료 및 최종 마무리 암기용으로 다양한 활용 가능한 최적의 수험서

도서출판 더 온

CONTENTS

CHAPTER 1 국세기본법
01. 총칙 ·· 06
02. 기간과 기한 ·· 08
03. 서류의 송달 ·· 10
04. 국세부과의 원칙 및 세법 적용의 원칙 ·· 12
05. 납세의무의 성립·확정·소멸 ·· 14
06. 제척기간과 소멸시효 ·· 16
07. 납세의무의 확장 ·· 18
08. 과세 ·· 20
09. 가산세 ·· 23
10. 환급 ·· 25
11. 불복 (1) ··· 27
12. 불복 (2) ··· 29
13. 납세자의 권리(세무조사) (1) ·· 31
14. 납세자의 권리(세무조사) (2) ·· 34
15. 보칙 ·· 36

CHAPTER 2 부가가치세법
01. 총칙 ·· 38
02. 재화의 공급 ·· 40
03. 용역의 공급, 재화의 수입 ·· 42
04. 공급시기 및 공급장소 ·· 44
05. 영세율과 면세 (1) ··· 45
06. 영세율과 면세 (2) ··· 48
07. 세금계산서 ··· 50
08. 과세표준 및 매출세액 ·· 52
09. 매입세액 공제 ··· 54
10. 신고·납부·절차 ·· 56
11. 환급 및 보칙 ··· 58
12. 간이과세자 ··· 60

CHAPTER 3 소득세법
01. 총칙 (1) ··· 63
02. 총칙 (2) ··· 65
03. 이자소득 및 배당소득 (1) ·· 67
04. 이자소득 및 배당소득 (2) ·· 69

05. 사업소득 ··· 71
06. 근로소득 ··· 73
07. 연금소득 및 기타소득 ··· 75
08. 종합소득금액 계산의 특례 ·· 77
09. 종합소득공제 및 종합소득세액 공제 ································· 79
10. 퇴직소득 및 양도소득 ··· 81
11. 신고 및 납부 절차 ·· 83
12. 비거주자의 납세의무 및 보칙 ·· 85

CHAPTER 4 법인세법
01. 용어 및 납세의무자 ··· 87
02. 사업연도 ··· 89
03. 납세지 등 ·· 91
04. 세무조정 및 소득처분 ·· 93
05. 익금 항목 및 익금불산입 항목 ··· 95
06. 손금 항목 및 손금불산입 항목 ··· 97
07. 인건비 및 세금과 공과금 ··· 99
08. 접대비(=기업업무추진비)·기부금·지급이자 ··················· 101
09. 자산·부채의 평가 및 손익의 귀속시기 ·························· 103
10. 감가상각 및 업무용승용차 ··· 105
11. 충당금, 합병 등 ··· 107
12. 법인세 과세표준 및 세액 계산 ······································ 110
13. 신고·납부 절차 등 ·· 112

CHAPTER 5 국세징수법
01. 총칙 ··· 115
02. 신고납부, 납부고지 등 ··· 117
03. 강제징수 ··· 119
04. 보칙 ··· 121

CHAPTER 6 상속세 및 증여세법
01. 상속세 및 증여세법 ··· 124

쉬운 이해로 만드는 완벽한 세법
남정선 세법 핵심 O·X

남정선 세법 핵심 O·X

CHAPTER 1 국세기본법
CHAPTER 2 부가가치세법
CHAPTER 3 소득세법
CHAPTER 4 법인세법
CHAPTER 5 국세징수법
CHAPTER 6 상속세 및 증여세법

국세기본법

01 총칙

001 「국세기본법」은 국세에 관한 기본적이고 공통적인 사항과 납세자의 권리·의무 및 권리구제에 관한 사항을 규정함으로써 국세에 관한 법률관계를 명확하게 하고, 형평성 있는 과세를 가능하게 하며, 국민의 납세의무의 원활한 이행에 이바지함을 목적으로 한다. O X

001. 정답 X
「국세기본법」은 국세에 관한 기본적이고 공통적인 사항과 납세자의 권리·의무 및 권리구제에 관한 사항을 규정함으로써 국세에 관한 법률관계를 명확하게 하고, 과세(課稅)를 공정하게 하며, 국민의 납세의무의 원활한 이행에 이바지함을 목적으로 한다.

002 "세법"(稅法)이란 국세의 종목과 세율을 정하고 있는 법률과 「국세징수법」, 「관세법」, 「국제조세조정에 관한 법률」, 「조세범 처벌법」 및 「조세범 처벌절차법」을 말한다. O X

002. 정답 X
"세법"(稅法)이란 국세의 종목과 세율을 정하고 있는 법률과 「국세징수법」, 「조세특례제한법」, 「국제조세조정에 관한 법률」, 「조세범 처벌법」 및 「조세범 처벌절차법」을 말한다.

003 "원천징수"(源泉徵收)란 세법에 따라 원천징수의무자가 국세(이와 관계되는 가산세는 포함)를 징수하는 것을 말한다. O X

003. 정답 X
"원천징수"(源泉徵收)란 세법에 따라 원천징수의무자가 국세(이와 관계되는 가산세는 제외)를 징수하는 것을 말한다.

004 "강제징수비"(强制徵收費)란 「국세징수법」 중 강제징수에 관한 규정에 따른 재산의 압류, 보관, 운반과 매각에 든 비용(매각을 대행시키는 경우 그 수수료는 제외)을 말한다. O X

004. 정답 X
"강제징수비"(强制徵收費)란 「국세징수법」 중 강제징수에 관한 규정에 따른 재산의 압류, 보관, 운반과 매각에 든 비용(매각을 대행시키는 경우 그 수수료를 포함한다)을 말한다.

005 "공과금"(公課金)이란 「국세징수법」에서 규정하는 강제징수의 예에 따라 징수할 수 있는 채권 중 국세, 관세, 임시수입부가세, 지방세와 이와 관계되는 강제징수비를 포함한 것을 말한다. O X

005. 정답 X
"공과금"(公課金)이란 「국세징수법」에서 규정하는 강제징수의 예에 따라 징수할 수 있는 채권 중 국세, 관세, 임시수입부가세, 지방세와 이와 관계되는 강제징수비를 제외한 것을 말한다.

006 "납세자"란 세법에 따라 국세를 납부할 의무(국세를 징수하여 납부할 의무는 제외)가 있는 자를 말한다. O X

006. 정답 X
"납세자"란 납세의무자(연대납세의무자와 납세자를 갈음하여 납부할 의무가 생긴 경우의 제2차 납세의무자 및 보증인을 포함한다)와 세법에 따라 국세를 징수하여 납부할 의무를 지는 자를 말한다.

007 "보증인"이란 납세자가 납세의무를 이행할 수 없는 경우에 납세자를 갈음하여 납세의무를 지는 자를 말한다. O X

007. 정답 X
"제2차 납세의무자"란 납세자가 납세의무를 이행할 수 없는 경우에 납세자를 갈음하여 납세의무를 지는 자를 말한다.

008 "세무조사"란 국세의 과세표준과 세액을 결정 또는 경정하기 위하여 질문을 하거나 해당 장부·서류 또는 그 밖의 물건을 검사·조사하거나 그 제출을 명하는 활동을 말한다. O X

008. 정답 O
"세무조사"란 국세의 과세표준과 세액을 결정 또는 경정하기 위하여 질문을 하거나 해당 장부·서류 또는 그 밖의 물건을 검사·조사하거나 그 제출을 명하는 활동을 말한다.

009 "과세표준신고서"란 당초에 제출한 과세표준신고서의 기재사항을 수정하는 신고서를 말한다. O X

009. 정답 X
"과세표준수정신고서"란 당초에 제출한 과세표준신고서의 기재사항을 수정하는 신고서를 말한다.

010 「국세기본법」은 세법에 우선하여 적용한다. O X

010. 정답 X
국세에 관하여 세법에 별도의 규정이 있는 경우를 제외하고는 「국세기본법」에서 정하는 바에 따른다.(따라서 세법이 「국세기본법」에 우선한다.)

02 기간과 기한

011 「국세기본법」 또는 세법에서 규정하는 신고, 신청, 청구, 그 밖에 서류의 제출, 통지, 납부 또는 징수에 관한 기한이 토요일 및 일요일, 「공휴일에 관한 법률」에 따른 공휴일 및 대체공휴일, 「근로자의 날 제정에 관한 법률」에 따른 근로자의 날에 해당하는 경우에는 그 공휴일, 대체공휴일, 토요일, 일요일을 기한으로 한다. ◯ ✕

011. 정답 ✕
「국세기본법」 또는 세법에서 규정하는 신고, 신청, 청구, 그 밖에 서류의 제출, 통지, 납부 또는 징수에 관한 기한이 토요일 및 일요일, 「공휴일에 관한 법률」에 따른 공휴일 및 대체공휴일, 「근로자의 날 제정에 관한 법률」에 따른 근로자의 날에 해당하는 경우에는 그 다음날을 기한으로 한다.

012 우편으로 과세표준신고서, 과세표준수정신고서, 경정청구서 또는 과세표준신고·과세표준수정신고·경정청구와 관련된 서류를 제출한 경우 「우편법」에 따른 우편날짜도장이 찍힌 날(우편날짜도장이 찍히지 아니하였거나 분명하지 아니한 경우에는 도달한 날)에 신고되거나 청구된 것으로 본다. ◯ ✕

012. 정답 ✕
우편으로 과세표준신고서, 과세표준수정신고서, 경정청구서 또는 과세표준신고·과세표준수정신고·경정청구와 관련된 서류를 제출한 경우 「우편법」에 따른 우편날짜도장이 찍힌 날(우편날짜도장이 찍히지 아니하였거나 분명하지 아니한 경우에는 통상 걸리는 배송일수를 기준으로 발송한 날로 인정되는 날)에 신고되거나 청구된 것으로 본다.

013 과세표준신고서 등을 국세정보통신망을 이용하여 제출하는 경우에는 해당 신고서 등이 국세정보통신망에 저장된 때에 신고되거나 청구된 것으로 본다. ◯ ✕

013. 정답 ✕
과세표준신고서 등을 국세정보통신망을 이용하여 제출하는 경우에는 해당 신고서 등이 국세청장에게 전송된 때에 신고되거나 청구된 것으로 본다.

014 전자신고 또는 전자청구된 경우 과세표준신고 또는 과세표준수정신고와 관련된 서류 중 대통령령으로 정하는 서류에 대해서는 대통령령으로 정하는 바에 따라 15일의 범위에서 제출기한을 연장할 수 있다. ◯ ✕

014. 정답 ✕
전자신고 또는 전자청구된 경우 과세표준신고 또는 과세표준수정신고와 관련된 서류 중 대통령령으로 정하는 서류에 대해서는 대통령령으로 정하는 바에 따라 10일의 범위에서 제출기한을 연장할 수 있다.

015 관할 세무서장은 천재지변이나 그 밖에 대통령령으로 정하는 사유로 「국세기본법」 또는 세법에서 규정하는 신고, 신청, 청구, 그 밖에 서류의 제출 또는 통지를 정하여진 기한까지 할 수 없는 경우 납세자가 기한 연장을 신청한 경우에 한하여 그 기한을 연장할 수 있다. O X

015. 정답 X
관할 세무서장은 천재지변이나 그 밖에 대통령령으로 정하는 사유로 「국세기본법」 또는 세법에서 규정하는 신고, 신청, 청구, 그 밖에 서류의 제출 또는 통지를 정하여진 기한까지 할 수 없다고 인정하는 경우나 납세자가 기한 연장을 신청한 경우에는 대통령령으로 정하는 바에 따라 그 기한을 연장할 수 있다.

016 납세자 또는 그 동거가족이 질병이나 중상해로 3개월 이상의 치료가 필요하거나 사망하여 상중(喪中)인 경우에는 불복청구 기한 연장을 신청할 수 있다. O X

016. 정답 X
납세자 또는 그 동거가족이 질병이나 중상해로 6개월 이상의 치료가 필요하거나 사망하여 상중(喪中)인 경우에는 불복청구기한 연장을 신청할 수 있다.

017 천재지변 등으로 인한 기한의 연장을 받으려는 자는 기한 만료일 10일 전까지 문서로 해당 행정기관의 장에게 신청하여야 한다. 이 경우 해당 행정기관의 장은 기한연장을 신청하는 자가 기한 만료일 3일 전까지 신청할 수 없다고 인정하는 경우에는 기한의 만료일까지 신청하게 할 수 있다. O X

017. 정답 X
천재지변 등으로 인한 기한의 연장을 받으려는 자는 기한 만료일 3일 전까지 문서로 해당 행정기관의 장에게 신청하여야 한다. 이 경우 해당 행정기관의 장은 기한연장을 신청하는 자가 기한 만료일 3일 전까지 신청할 수 없다고 인정하는 경우에는 기한의 만료일까지 신청하게 할 수 있다.

018 행정기관의 장은 기한연장의 사실을 문서로 통지하는 것이 원칙이지만, 그 대상자에게 개별적으로 통지할 시간적 여유가 없는 경우 관보 또는 일간신문에 공고하는 방법으로 통지를 갈음할 수 있다. O X

018. 정답 O
행정기관의 장은 기한연장의 사실을 문서로 통지하는 것이 원칙이지만, 그 대상자에게 개별적으로 통지할 시간적 여유가 없는 경우 관보 또는 일간신문에 공고하는 방법으로 통지를 갈음할 수 있다.

019 금융회사 등 또는 체신관서의 휴무나 그 밖의 부득이한 사유로 정상적인 세금납부가 곤란하다고 국세청장이 인정하는 경우에는 기한연장이 가능하다. O X

019. 정답 O
금융회사 등 또는 체신관서의 휴무나 그 밖의 부득이한 사유로 정상적인 세금납부가 곤란하다고 국세청장이 인정하는 경우에는 기한연장이 가능하다.

020 「국세기본법」 또는 세법에서 규정하는 신고기한 만료일 또는 납부기한 만료일에 국세정보통신망이 대통령령으로 정하는 장애로 가동이 정지되어 전자신고나 전자납부를 할 수 없는 경우에는 그 장애가 복구되어 신고 또는 납부할 수 있게 된 날을 기한으로 한다. O X

020. 「국세기본법」 또는 세법에서 규정하는 신고기한 만료일 또는 납부기한 만료일에 국세정보통신망이 대통령령으로 정하는 장애로 가동이 정지되어 전자신고나 전자납부(「국세기본법」 또는 세법에 따라 납부할 국세를 정보통신망을 이용하여 납부하는 것을 말한다)를 할 수 없는 경우에는 그 장애가 복구되어 신고 또는 납부할 수 있게 된 날의 다음날을 기한으로 한다.

03 서류의 송달

021 「국세기본법」 상 연대납세의무자에게 서류를 송달할 때에는 국세를 징수하기에 유리한 자를 명의인으로 한다. O X

021. 「국세기본법」 상 연대납세의무자에게 서류를 송달할 때에는 그 대표자를 명의인으로 하며, 대표자가 없을 때에는 연대납세의무자 중 국세를 징수하기에 유리한 자를 명의인으로 한다. 다만, 납부의 고지와 독촉에 관한 서류는 연대납세의무자 모두에게 각각 송달하여야 한다.

022 송달받아야 할 사람이 교정시설 또는 국가경찰관서의 유치장에 체포·구속 또는 유치(留置)된 사실이 확인된 경우에는 서류를 송달하지 아니한다. O X

022. 송달받아야 할 사람이 교정시설 또는 국가경찰관서의 유치장에 체포·구속 또는 유치(留置)된 사실이 확인된 경우에는 해당 교정시설의 장 또는 국가경찰관서의 장에게 송달한다.

023 「국세기본법」에 따른 서류 송달은 교부, 우편의 방법으로 한다. O X

023. 「국세기본법」에 따른 서류 송달은 교부, 우편 또는 전자송달의 방법으로 한다.

024 납부의 고지·독촉·강제징수 또는 세법에 따른 정부의 명령과 관계되는 서류의 송달을 우편으로 할 때에는 등기우편으로 하여야 한다. 다만, 「소득세법」에 따른 중간예납세액의 납부고지서, 「부가가치세법」에 따라 예정고지세액을 징수하기 위한 납부고지서 및 신고납부세목에 대한 과세표준신고서를 법정신고기한까지 제출하였으나 과세표준신고액에 상당하는 세액의 전부 또는 일부를 납부하지 아니하여 발급하는 납부고지서로서 50만원 이하에 해당하는 납부고지서는 일반우편으로 송달할 수 있다. O ⊠

024. 정답 ⊠
납부의 고지·독촉·강제징수 또는 세법에 따른 정부의 명령과 관계되는 서류의 송달을 우편으로 할 때에는 등기우편으로 하여야 한다. 다만, 「소득세법」에 따른 중간예납세액의 납부고지서, 「부가가치세법」에 따라 예정고지세액을 징수하기 위한 납부고지서 및 신고납부세목에 대한 과세표준신고서를 법정신고기한까지 제출하였으나 과세표준신고액에 상당하는 세액의 전부 또는 일부를 납부하지 아니하여 발급하는 납부고지서로서 50만원 미만에 해당하는 납부고지서는 일반우편으로 송달할 수 있다.

025 송달할 장소에서 서류를 송달받아야 할 자를 만나지 못하였을 때에는 그 사용인이나 그 밖의 종업원 또는 동거인으로서 사리를 판별할 수 있는 사람에게 서류를 송달할 수 있으며, 서류를 송달받아야 할 자 또는 그 사용인이나 그 밖의 종업원 또는 동거인으로서 사리를 판별할 수 있는 사람이 정당한 사유 없이 서류 수령을 거부할 때에는 공시송달이 가능하다. O ⊠

025. 정답 ⊠
송달할 장소에서 서류를 송달받아야 할 자를 만나지 못하였을 때에는 그 사용인이나 그 밖의 종업원 또는 동거인으로서 사리를 판별할 수 있는 사람에게 서류를 송달할 수 있으며, 서류를 송달받아야 할 자 또는 그 사용인이나 그 밖의 종업원 또는 동거인으로서 사리를 판별할 수 있는 사람이 정당한 사유 없이 서류 수령을 거부할 때에는 송달할 장소에 서류를 둘 수 있다.

026 국세정보통신망의 장애로 전자송달을 할 수 없는 경우나 그 밖에 대통령령으로 정하는 사유가 있는 경우에는 우편의 방법으로만 송달할 수 있다. O ⊠

026. 정답 ⊠
국세정보통신망의 장애로 전자송달을 할 수 없는 경우나 그 밖에 대통령령으로 정하는 사유가 있는 경우에는 교부 또는 우편의 방법으로 송달할 수 있다.

027 국세정보통신망을 이용하여 공시송달을 할 때에는 다른 공시송달 방법과 함께 하여야 한다. O ⊠

027. 정답 O
국세정보통신망을 이용하여 공시송달을 할 때에는 다른 공시송달 방법과 함께 하여야 한다.

028 「국세기본법」상 송달하는 서류는 송달받아야 할 자에게 도달한 때부터 효력이 발생한다. 다만, 전자송달의 경우에는 송달받을 자가 지정한 전자우편주소에 입력된 때(국세정보통신망에 저장하는 경우에는 저장된 때)에 그 송달을 받아야 할 자에게 도달한 것으로 본다. 단, 공시송달의 경우에는 서류의 주요 내용을 공고한 날부터 10일이 지나면 서류 송달이 된 것으로 본다. ◯ ✕

029 납세관리인이 있을 때에는 납부의 고지와 독촉 및 강제징수에 관한 서류는 그 납세관리인의 주소 또는 영업소에 송달한다. ◯ ✕

030 납세자가 2회 연속하여 전자송달(국세정보통신망에 송달된 경우에 한정함)된 서류를 열람하지 아니하는 경우에는 대통령령으로 정하는 바에 따라 전자송달의 신청을 철회한 것으로 본다.(납세자가 전자송달된 납부고지서에 의한 세액을 그 납부기한까지 전액 납부한 경우 포함) ◯ ✕

04 국세부과의 원칙 및 세법 적용의 원칙

031 과세의 대상이 되는 소득, 수익, 재산, 행위 또는 거래의 귀속이 명의(名義)일 뿐이고 사실상 귀속되는 자가 따로 있을 때에는 명의자를 납세의무자로 하여 세법을 적용한다. ◯ ✕

032 납세의무자가 세법에 따라 장부를 갖추어 기록하고 있는 경우에는 해당 국세 과세표준의 조사와 결정은 그 장부와 이와 관계되는 증거자료에 의하여야 하며, 이 경우 장부의 기록 내용이 사실과 다르거나 장부의 기록에 누락된 것이 있을 때에는 해당 장부 전체의 내용을 부인하고 정부가 조사한 사실에 따라 결정할 수 있다. ◯ ✕

---

028. 정답 ✕
「국세기본법」상 송달하는 서류는 송달받아야 할 자에게 도달한 때부터 효력이 발생한다. 다만, 전자송달의 경우에는 송달받을 자가 지정한 전자우편주소에 입력된 때(국세정보통신망에 저장하는 경우에는 저장된 때)에 그 송달을 받아야 할 자에게 도달한 것으로 본다. 단, 공시송달의 경우에는 서류의 주요 내용을 공고한 날부터 14일이 지나면 서류 송달이 된 것으로 본다.

029. 정답 ✕
납세관리인이 있을 때에는 납부의 고지와 독촉에 관한 서류는 그 납세관리인의 주소 또는 영업소에 송달한다.

030. 정답 ✕
납세자가 2회 연속하여 전자송달(국세정보통신망에 송달된 경우에 한정함)된 서류를 열람하지 아니하는 경우에는 대통령령으로 정하는 바에 따라 전자송달의 신청을 철회한 것으로 본다. 다만, 납세자가 전자송달된 납부고지서에 의한 세액을 그 납부기한까지 전액 납부한 경우에는 그러하지 아니하다.

031. 정답 ✕
과세의 대상이 되는 소득, 수익, 재산, 행위 또는 거래의 귀속이 명의(名義)일 뿐이고 사실상 귀속되는 자가 따로 있을 때에는 사실상 귀속되는 자를 납세의무자로 하여 세법을 적용한다.

032. 정답 ✕
납세의무자가 세법에 따라 장부를 갖추어 기록하고 있는 경우에는 해당 국세 과세표준의 조사와 결정은 그 장부와 이와 관계되는 증거자료에 의하여야 하며, 이 경우 장부의 기록 내용이 사실과 다르거나 장부의 기록에 누락된 것이 있을 때에는 그 부분에 대해서만 정부가 조사한 사실에 따라 결정할 수 있다.

033 정부는 장부의 기록 내용과 다른 사실 또는 장부 기록에 누락된 것을 조사하여 결정하였을 때에는 정부가 조사한 사실과 결정의 근거를 결정서에 적어야 한다. 이 경우 해당 납세의무자 또는 그 대리인이 요구하면 해당 결정서를 열람 또는 복사하게 하거나 그 등본 또는 초본이 원본과 일치함을 확인하여야 하며, 해당 요구는 문서로 하여야 한다. O X

033. 정답 X
정부는 장부의 기록 내용과 다른 사실 또는 장부 기록에 누락된 것을 조사하여 결정하였을 때에는 정부가 조사한 사실과 결정의 근거를 결정서에 적어야 한다. 이 경우 해당 납세의무자 또는 그 대리인이 요구하면 해당 결정서를 열람 또는 복사하게 하거나 그 등본 또는 초본이 원본과 일치함을 확인하여야 하며, 해당 요구는 구술(口述)로 한다.

034 정부는 국세를 감면한 경우에 그 감면의 취지를 성취하거나 국가정책을 수행하기 위하여 필요하다고 인정하면 세법에서 정하는 바에 따라 감면한 세액에 상당하는 자금 또는 자산의 운용 범위를 정할 수 있다. O X

034. 정답 O
정부는 국세를 감면한 경우에 그 감면의 취지를 성취하거나 국가정책을 수행하기 위하여 필요하다고 인정하면 세법에서 정하는 바에 따라 감면한 세액에 상당하는 자금 또는 자산의 운용 범위를 정할 수 있다.

035 국세를 납부할 의무(세법에 징수의무자가 따로 규정되어 있는 국세의 경우에는 이를 징수하여 납부할 의무)가 확정된 소득, 수익, 재산, 행위 또는 거래에 대해서는 그 확정 후의 새로운 세법에 따라 소급하여 과세하지 아니한다. O X

035. 정답 X
국세를 납부할 의무(세법에 징수의무자가 따로 규정되어 있는 국세의 경우에는 이를 징수하여 납부할 의무)가 성립한 소득, 수익, 재산, 행위 또는 거래에 대해서는 그 성립 후의 새로운 세법에 따라 소급하여 과세하지 아니한다.

036 세무공무원이 국세의 과세표준을 조사·결정할 때에는 세법에 특별한 규정이 있는 경우에도 기업회계의 기준 또는 관행으로서 일반적으로 공정·타당하다고 인정되는 것은 존중하여야 한다. O X

036. 정답 X
세무공무원이 국세의 과세표준을 조사·결정할 때에는 해당 납세의무자가 계속하여 적용하고 있는 기업회계의 기준 또는 관행으로서 일반적으로 공정·타당하다고 인정되는 것은 존중하여야 한다. 다만, 세법에 특별한 규정이 있는 것은 그러하지 아니하다.

037 세법 해석의 기준 및 소급과세의 금지 원칙 등에 대한 사항을 심의하기 위하여 기획재정부에 국세심사위원회를 둔다. O X

037. 정답 X
세법 해석의 기준 및 소급과세의 금지 원칙 등에 대한 사항을 심의하기 위하여 기획재정부에 국세예규심사위원회를 둔다.

038 세법의 해석이나 국세행정의 관행이 일반적으로 납세자에게 받아들여진 후에는 그 해석이나 관행에 의한 행위 또는 계산은 정당한 것으로 보며, 새로운 해석이나 관행에 의하여 소급하여 과세되지 아니한다. ○ⓧ

038. 세법의 해석이나 국세행정의 관행이 일반적으로 납세자에게 받아들여진 후에는 그 해석이나 관행에 의한 행위 또는 계산은 정당한 것으로 보며, 새로운 해석이나 관행에 의하여 소급하여 과세되지 아니한다. **정답 ○**

039 납세자가 그 의무를 이행할 때에는 신의에 따라 성실하게 하여야 한다. 세무공무원이 직무를 수행할 때에도 또한 같다. ○ⓧ

039. 납세자가 그 의무를 이행할 때에는 신의에 따라 성실하게 하여야 한다. 세무공무원이 직무를 수행할 때에도 또한 같다. **정답 ○**

040 제3자를 통한 간접적인 방법이나 둘 이상의 행위 또는 거래를 거치는 방법으로 거래를 한 경우에는 세법의 혜택을 부당하게 받기 위한 것인지에 관계없이 그 경제적 실질 내용에 따라 당사자가 직접 거래를 한 것으로 보거나 연속된 하나의 행위 또는 거래를 한 것으로 보아 국세기본법 또는 세법을 적용한다. ○ⓧ

040. 제3자를 통한 간접적인 방법이나 둘 이상의 행위 또는 거래를 거치는 방법으로 국세기본법 또는 세법의 혜택을 부당하게 받기 위한 것으로 인정되는 경우에는 그 경제적 실질 내용에 따라 당사자가 직접 거래를 한 것으로 보거나 연속된 하나의 행위 또는 거래를 한 것으로 보아 국세기본법 또는 세법을 적용한다. **정답 ⓧ**

05 납세의무의 성립·확정·소멸

041 금융·보험업자의 수익금액에 부과되는 교육세는 해당 국세의 납세의무가 성립하는 때에 성립한다. ○ⓧ

041. 국세에 부과되는 교육세는 해당 국세의 납세의무가 성립하는 때에 성립한다. 단, 금융·보험업자의 수익금액에 부과되는 교육세는 과세기간이 끝나는 때에 성립한다. **정답 ⓧ**

042 수시부과하여 징수하는 국세는 수시부과하는 때에 성립한다. ○ⓧ

042. 수시부과하여 징수하는 국세는 수시부과할 사유가 발생한 때에 성립한다. **정답 ⓧ**

043 신고납부세목인 국세의 수정신고(과세표준신고서를 법정신고기한까지 제출한 자의 수정신고 및 기한후과세표준신고서를 제출한 자의 수정신고로 한정함)는 당초의 신고에 따라 확정된 과세표준과 세액을 증액하여 확정하는 효력을 가진다. ⓞ ⓧ

043. 신고납부세목인 국세의 수정신고(과세표준신고서를 법정신고기한까지 제출한 자의 수정신고로 한정함)는 당초의 신고에 따라 확정된 과세표준과 세액을 증액하여 확정하는 효력을 가진다. **정답** ⓧ

044 세법에 따라 당초 확정된 세액을 감소시키는 경정은 당초 확정된 세액에 관한 국세기본법 또는 세법에서 규정하는 권리·의무관계에 영향을 미치지 아니한다. ⓞ ⓧ

044. 세법에 따라 당초 확정된 세액을 감소시키는 경정은 그 경정으로 감소되는 세액 외의 세액에 관한 국세기본법 또는 세법에서 규정하는 권리·의무관계에 영향을 미치지 아니한다. **정답** ⓧ

045 국세 및 강제징수비를 납부할 의무는 납부·충당되거나 부과가 철회된 때, 국세를 부과할 수 있는 기간에 국세가 부과되지 아니하고 그 기간이 끝난 때, 국세징수권의 소멸시효가 완성된 때에 소멸한다. ⓞ ⓧ

045. 국세 및 강제징수비를 납부할 의무는 납부·충당되거나 부과가 취소된 때, 국세를 부과할 수 있는 기간에 국세가 부과되지 아니하고 그 기간이 끝난 때, 국세징수권의 소멸시효가 완성된 때에 소멸한다. **정답** ⓧ

046 상속세 및 증여세 외의 일반적인 세목으로서 납세자가 법정신고기한까지 과세표준신고서를 제출하지 아니한 경우 제척기간은 해당 국세를 부과할 수 있는 날부터 5년(역외거래의 경우 7년)이다. ⓞ ⓧ

046. 상속세 및 증여세 외의 일반적인 세목으로서 납세자가 법정신고기한까지 과세표준신고서를 제출하지 아니한 경우 제척기간은 해당 국세를 부과할 수 있는 날부터 7년(역외거래의 경우 10년)이다. **정답** ⓧ

047 이의신청, 심사청구, 심판청구, 「감사원법」에 따른 심사청구 또는 「행정소송법」에 따른 소송에 대한 결정이나 판결이 확정된 경우에는 결정 또는 판결이 확정된 날부터 2개월이 지나기 전까지 경정이나 그 밖에 필요한 처분을 할 수 있다. ⓞ ⓧ

047. 이의신청, 심사청구, 심판청구, 「감사원법」에 따른 심사청구 또는 「행정소송법」에 따른 소송에 대한 결정이나 판결이 확정된 경우에는 결정 또는 판결이 확정된 날부터 1년이 지나기 전까지 경정이나 그 밖에 필요한 처분을 할 수 있다. **정답** ⓧ

048 체납자가 국외에 6개월 이상 계속 체류하는 경우 해당 국외 체류 기간에는 국세징수권 소멸시효가 진행되지 아니한다. ◯☒

048. 정답 ◯
체납자가 국외에 6개월 이상 계속 체류하는 경우 해당 국외 체류 기간에는 국세징수권 소멸시효가 진행되지 아니한다.

049 소멸시효 중단 사유는 납부고지, 독촉, 교부청구, 납부고지의 유예, 압류이다. ◯☒

049. 정답 ☒
소멸시효 중단 사유는 납부고지, 독촉, 교부청구, 압류이다.

050 국세징수권의 소멸시효는 5억원 이상(가산세를 포함한 금액)의 국세에 대해서는 10년이 적용되고, 5억원 미만의 국세에 대해서는 5년이 적용된다. ◯☒

050. 정답 ☒
국세징수권의 소멸시효는 5억원 이상(가산세를 제외한 금액)의 국세에 대해서는 10년이 적용되고, 5억원 미만의 국세에 대해서는 5년이 적용된다.

06 제척기간과 소멸시효

051 납세자가 부정행위로 상속재산 또는 증여재산인 「특정 금융거래정보의 보고 및 이용 등에 관한 법률」에 따른 가상자산을 가상자산사업자를 통하지 아니하고 상속인이나 수증자가 취득한 경우에는 법정 요건 충족 시 해당 재산의 상속 또는 증여가 있음을 안 날부터 1년 이내에 상속세 및 증여세를 부과할 수 있다. ◯☒

051. 정답 ◯
(2023년 세법 개정으로 상속세 및 증여세 평생특례제척기간 적용 가능한 사유로 '상속재산 또는 증여재산인 「특정 금융거래정보의 보고 및 이용 등에 관한 법률」에 따른 가상자산을 같은 법에 따른 가상자산사업자(같은 법 제7조에 따라 신고가 수리된 자로 한정한다)를 통하지 아니하고 상속인이나 수증자가 취득한 경우'가 추가됨)

052 조세쟁송의 결정이나 판결이 확정됨에 따라 그 결정 또는 판결의 대상이 된 과세표준 또는 세액과 연동된 다른 세목이나 연동된 다른 과세기간의 과세표준 또는 세액의 조정이 필요한 경우에는 해당 결정 또는 판결이 확정된 날부터 1년이 지나기 전까지 경정이나 그 밖에 필요한 처분을 할 수 있다. 이 경우 같은 세목이나 같은 과세기간이 아니어도 처분이 가능하다. ◯☒

052. 정답 ☒
조세쟁송의 결정이나 판결이 확정됨에 따라 그 결정 또는 판결의 대상이 된 과세표준 또는 세액과 연동된 다른 세목(같은 과세기간으로 한정함)이나 연동된 다른 과세기간(같은 세목으로 한정함)의 과세표준 또는 세액의 조정이 필요한 경우에는 해당 결정 또는 판결이 확정된 날부터 1년이 지나기 전까지 경정이나 그 밖에 필요한 처분을 할 수 있다.

053 인지세의 경우 납부고지한 인지세액에 대해서는 그 고지에 따른 납부기한의 다음날을 소멸시효 기산일로 한다. O X

053 정답 O
인지세의 경우 납부고지한 인지세액에 대해서는 그 고지에 따른 납부기한의 다음날을 소멸시효 기산일로 한다.

054 과세표준과 세액을 정부가 결정, 경정 또는 수시부과결정하는 경우 납부고지한 세액에 대한 소멸시효는 그 법정 신고납부기한의 다음 날부터 기산한다. O X

054 정답 X
과세표준과 세액을 정부가 결정, 경정 또는 수시부과결정하는 경우 납부고지한 세액에 대한 소멸시효 기산일(국세징수권을 행사할 수 있는 때)은 그 고지에 따른 납부기한의 다음 날로 한다.

055 주된 납세자의 국세가 소멸시효의 완성에 의하여 소멸한 때에는 제2차납세의무자, 납세보증인과 물적납세의무자에도 그 효력이 미친다. O X

055 정답 O
주된 납세자의 국세가 소멸시효의 완성에 의하여 소멸한 때에는 제2차납세의무자, 납세보증인과 물적납세의무자에도 그 효력이 미친다.

056 국세부과 제척기간에는 제척기간의 중단 또는 정지가 가능하다. O X

056 정답 X
소멸시효에는 중단과 정지 사유가 있으나, 제척기간은 중단과 정지가 없다.

057 조세쟁송의 결정 또는 판결에 의하여 명의대여 사실이 확인된 경우 및 과세의 대상이 되는 재산의 귀속이 명의일 뿐이고 사실상 귀속되는 자가 따로 있다는 사실이 확인된 경우에는 당초의 부과 처분을 취소하고 실제로 사업을 경영한 자 또는 재산의 사실상 귀속자에게 그 결정 또는 판결이 확정된 날부터 2개월 이내에 경정이나 그 밖에 필요한 처분을 할 수 있다. O X

057 정답 X
조세쟁송의 결정 또는 판결에 의하여 명의대여 사실이 확인된 경우 및 과세의 대상이 되는 재산의 귀속이 명의일 뿐이고 사실상 귀속되는 자가 따로 있다는 사실이 확인된 경우에는 당초의 부과 처분을 취소하고 실제로 사업을 경영한 자 또는 재산의 사실상 귀속자에게 그 결정 또는 판결이 확정된 날부터 1년 이내에 경정이나 그 밖에 필요한 처분을 할 수 있다.

058 납세조합이 징수하는 소득세 또는 예정신고납부하는 소득세는 과세표준이 되는 금액이 발생한 달의 말일에 성립한다. O X

058 정답 O
납세조합이 징수하는 소득세 또는 예정신고납부하는 소득세는 과세표준이 되는 금액이 발생한 달의 말일에 성립한다.

059 모든 국세는 납세의무자가 과세표준과 세액을 정부에 신고했을 때에 확정된다. 다만, 납세의무자가 과세표준과 세액의 신고를 하지 아니하거나 신고한 과세표준과 세액이 세법에서 정하는 바와 맞지 아니한 경우에는 정부가 과세표준과 세액을 결정하거나 경정하는 때에 그 결정 또는 경정에 따라 확정된다. ☐ ☒

059 정답 ☒
신고납부 세목인 국세는 납세의무자가 과세표준과 세액을 정부에 신고했을 때에 확정된다.(다만, 납세의무자가 과세표준과 세액의 신고를 하지 아니하거나 신고한 과세표준과 세액이 세법에서 정하는 바와 맞지 아니한 경우에는 정부가 과세표준과 세액을 결정하거나 경정하는 때에 그 결정 또는 경정에 따라 확정된다.) 정부부과 세목인 국세는 해당 국세의 과세표준과 세액을 정부가 결정하는 때에 확정된다.

060 국세부과의 제척기간이 만료된 경우와 국세징수권이 소멸시효의 완성에 의하여 소멸하는 경우 기산일에 소급하여 부과권이 소멸한다. ☐ ☒

060 정답 ☒
국세부과권의 제척기간이 만료하면 부과권이 장래를 향하여 소멸되고 국가는 더 이상 결정·경정결정·재경정결정·부과취소를 할 수 없게 된다. 국세징수권의 소멸시효가 완성하면 기산일에 소급하여 징수권이 소멸한다. 따라서 국세는 물론이고 시효기간 중에 발생한 그 국세의 강제징수비 및 이자상당세도 함께 소멸하게 된다

07 납세의무의 확장

061 법인이 합병한 경우 합병 후 존속하는 법인 또는 합병으로 설립된 법인은 합병으로 소멸된 법인에 부과되거나 그 법인이 납부할 국세 및 강제징수비를 합병으로 받은 재산을 한도로 납부할 의무를 진다. ☐ ☒

061. 정답 ☒
법인이 합병한 경우 합병 후 존속하는 법인 또는 합병으로 설립된 법인은 합병으로 소멸된 법인에 부과되거나 그 법인이 납부할 국세 및 강제징수비를 납부할 의무를 진다.

062 피상속인에게 한 처분 또는 절차는 상속으로 인한 납세의무를 승계하는 상속인이나 상속재산관리인에 대해서는 효력이 없다. ☐ ☒

062. 정답 ☒
피상속인에게 한 처분 또는 절차는 상속으로 인한 납세의무를 승계하는 상속인이나 상속재산관리인에 대해서도 효력이 있다.

063 「국세기본법」상 공유물, 공동사업 또는 그 공동사업에 속하는 재산과 관계되는 국세 및 강제징수비는 공유자 또는 공동사업자가 연대하여 납부할 의무를 진다. ☐ ☒

063. 정답 ○
공유물(共有物), 공동사업 또는 그 공동사업에 속하는 재산과 관계되는 국세 및 강제징수비는 공유자 또는 공동사업자가 연대하여 납부할 의무를 진다.

064 법인이 분할 또는 분할합병한 후 소멸하는 경우 분할신설법인, 분할합병의 상대방 법인은 분할법인에 부과되거나 분할법인이 납부하여야 할 국세 및 강제징수비 전액에 대하여 연대하여 납부할 의무가 있다. ◯ ⊠

064. 정답 ⊠
법인이 분할 또는 분할합병한 후 소멸하는 경우 분할신설법인, 분할합병의 상대방 법인은 분할법인에 부과되거나 분할법인이 납부하여야 할 국세 및 강제징수비에 대하여 분할로 승계된 재산가액을 한도로 연대하여 납부할 의무가 있다.

065 양도인과 특수관계인이거나 양도인의 조세회피를 목적으로 사업을 양수한 사업양수인은 양도일 이전에 양도인의 납세의무가 성립된 그 사업에 관한 국세 및 강제징수비를 양도인의 재산으로 충당하여도 부족할 때에는 그 부족한 금액에 대하여 양수한 재산의 가액을 한도로 제2차 납세의무를 진다. ◯ ⊠

065. 정답 ⊠
양도인과 특수관계인이거나 양도인의 조세회피를 목적으로 사업을 양수한 사업양수인은 양도일 이전에 양도인의 납세의무가 확정된 그 사업에 관한 국세 및 강제징수비를 양도인의 재산으로 충당하여도 부족할 때에는 그 부족한 금액에 대하여 양수한 재산의 가액을 한도로 제2차 납세의무를 진다

066 법인이 해산하여 청산하는 경우에 그 법인에 부과되거나 그 법인이 납부할 국세 및 강제징수비를 납부하지 아니하고 해산에 의한 잔여재산을 분배하거나 인도하였을 때에 그 법인에 대하여 강제징수를 하여도 징수할 금액에 미치지 못하는 경우에는 잔여재산을 분배받거나 인도받은 자에 한하여 그 부족한 금액에 대한 제2차 납세의무를 진다. ◯ ⊠

066. 정답 ⊠
법인이 해산하여 청산하는 경우에 그 법인에 부과되거나 그 법인이 납부할 국세 및 강제징수비를 납부하지 아니하고 해산에 의한 잔여재산을 분배하거나 인도하였을 때에 그 법인에 대하여 강제징수를 하여도 징수할 금액에 미치지 못하는 경우에는 청산인 또는 잔여재산을 분배받거나 인도받은 자는 그 부족한 금액에 대하여 제2차 납세의무를 진다.

067 출자자의 제2차 납세의무는 유가증권시장 및 코스닥시장에 주권이 상장된 법인의 출자자에 대해서도 적용한다. ◯ ⊠

067. 정답 ⊠
출자자의 제2차 납세의무는 유가증권시장 및 코스닥시장에 주권이 상장된 법인의 출자자에 대하여는 적용하지 아니한다.

068 출자자의 제2차 납세의무 적용 시 과점주주란 주주 또는 유한책임사원 1명과 그의 특수관계인 중 대통령령으로 정하는 자로서 그들의 소유주식 합계 또는 출자액 합계가 해당 법인의 발행 주식 총수 또는 출자총액의 100분의 50 이상이고 그 법인의 경영에 대하여 지배적인 영향력을 행사하는 자들을 말한다. ◯ ⊠

068. 정답 ⊠
출자자의 제2차 납세의무 적용 시 과점주주란 주주 또는 유한책임사원 1명과 그의 특수관계인 중 대통령령으로 정하는 자로서 그들의 소유주식 합계 또는 출자액 합계가 해당 법인의 발행 주식 총수 또는 출자총액의 100분의 50을 초과하면서 그 법인의 경영에 대하여 지배적인 영향력을 행사하는 자들을 말한다.

069 국세의 납세의무 성립일 현재 법인의 무한책임사원 또는 과점주주의 재산으로 그 출자자가 납부할 국세 및 강제징수비에 충당하여도 부족한 경우에는 그 법인은 정부가 출자자의 소유주식 또는 출자지분을 재공매(再公賣)하거나 수의계약으로 매각하려 하여도 매수희망자가 없는 경우 등에 해당하는 경우에만 그 부족한 금액에 대하여 제2차 납세의무를 진다. ⭕❌

069. 정답 ❌
국세의 납부기간 만료일 현재 법인의 무한책임사원 또는 과점주주의 재산(그 법인의 발행주식 또는 출자지분은 제외)으로 그 출자자가 납부할 국세 및 강제징수비에 충당하여도 부족한 경우에는 그 법인은 정부가 출자자의 소유주식 또는 출자지분을 재공매(再公賣)하거나 수의계약으로 매각하려 하여도 매수희망자가 없는 경우 등에 해당하는 경우에만 그 부족한 금액에 대하여 제2차 납세의무를 진다.

070 사업의 양도인에게 둘 이상의 사업장이 있는 경우에 하나의 사업장을 양수한 자의 제2차 납세의무는 양수한 사업장과 관계되는 국세 및 강제징수비에 대해서만 진다. ⭕❌

070. 정답 ⭕
사업의 양도인에게 둘 이상의 사업장이 있는 경우에 하나의 사업장을 양수한 자의 제2차 납세의무는 양수한 사업장과 관계되는 국세 및 강제징수비에 대해서만 진다.

08 과세

071 과세표준신고서는 신고 당시 해당 국세의 납세지를 관할하는 세무서장에게 제출하여야 한다. 다만, 전자신고를 하는 경우에는 지방국세청장이나 국세청장에게 제출하여야 한다. ⭕❌

071. 정답 ❌
과세표준신고서는 신고 당시 해당 국세의 납세지를 관할하는 세무서장에게 제출하여야 한다. 다만, 전자신고를 하는 경우에는 지방국세청장이나 국세청장에게 제출할 수 있다.

072 과세표준신고서를 법정신고기한까지 제출한 자 및 기한후과세표준신고서를 제출한 자는 과세표준신고서 또는 기한후과세표준신고서에 기재된 결손금액 또는 환급세액이 세법에 따라 신고하여야 할 결손금액이나 환급세액을 초과하여 관할 세무서장이 각 세법에 따라 해당 국세의 과세표준과 세액을 결정 또는 경정하여 통지한 경우에는 제척기간이 끝나기 전까지 과세표준수정신고서를 제출할 수 있다. ⭕❌

072. 정답 ❌
과세표준신고서를 법정신고기한까지 제출한 자 및 기한후과세표준신고서를 제출한 자는 과세표준신고서 또는 기한후과세표준신고서에 기재된 결손금액 또는 환급세액이 세법에 따라 신고하여야 할 결손금액이나 환급세액을 초과할 때에는 관할 세무서장이 각 세법에 따라 해당 국세의 과세표준과 세액을 결정 또는 경정하여 통지하기 전으로서 제척기간이 끝나기 전까지 과세표준수정신고서를 제출할 수 있다.

073 과세표준신고서를 법정신고기한까지 제출한 자 및 기한후과세표준신고서를 제출한 자는 법정 사유가 있는 때에는 최초신고 및 수정신고한 국세의 과세표준 및 세액의 결정 또는 경정을 법정신고기한이 지난 후 5년 이내에 관할 세무서장에게 청구할 수 있다. 다만, 결정 또는 경정으로 인하여 증가된 과세표준 및 세액에 대하여는 해당 처분이 있음을 안 날(처분의 통지를 받은 때에는 그 받은 날)부터 3개월 이내(법정신고기한이 지난 후 5년 이내로 한정)에 경정을 청구할 수 있다. O X

073. 정답 X
과세표준신고서를 법정신고기한까지 제출한 자 및 기한후과세표준신고서를 제출한 자는 법정 사유가 있는 때에는 최초신고 및 수정신고한 국세의 과세표준 및 세액의 결정 또는 경정을 법정신고기한이 지난 후 5년 이내에 관할 세무서장에게 청구할 수 있다. 다만, 결정 또는 경정으로 인하여 증가된 과세표준 및 세액에 대하여는 해당 처분이 있음을 안 날(처분의 통지를 받은 때에는 그 받은 날)부터 90일 이내(법정신고기한이 지난 후 5년 이내로 한정함)에 경정을 청구할 수 있다.

074 과세표준신고서를 법정신고기한까지 제출한 자 또는 국세의 과세표준 및 세액의 결정을 받은 자는 소득이나 그 밖의 과세물건의 귀속을 제3자에게로 변경시키는 결정 또는 경정이 있을 때에는 그 사유가 발생한 것을 안 날부터 2개월 이내에 결정 또는 경정을 청구할 수 있다. O X

074. 정답 X
과세표준신고서를 법정신고기한까지 제출한 자 또는 국세의 과세표준 및 세액의 결정을 받은 자는 소득이나 그 밖의 과세물건의 귀속을 제3자에게로 변경시키는 결정 또는 경정이 있을 때에는 그 사유가 발생한 것을 안 날부터 3개월 이내에 결정 또는 경정을 청구할 수 있다.

075 결정 또는 경정의 청구를 받은 세무서장은 그 청구를 받은 날부터 3개월 이내에 과세표준 및 세액을 결정 또는 경정하거나 결정 또는 경정하여야 할 이유가 없다는 뜻을 그 청구를 한 자에게 통지하여야 한다. O X

075. 정답 X
결정 또는 경정의 청구를 받은 세무서장은 그 청구를 받은 날부터 2개월 이내에 과세표준 및 세액을 결정 또는 경정하거나 결정 또는 경정하여야 할 이유가 없다는 뜻을 그 청구를 한 자에게 통지하여야 한다.

076 법정신고기한까지 과세표준신고서를 제출하지 아니한 자는 관할 세무서장이 세법에 따라 해당 국세의 과세표준과 세액(「국세기본법」 및 「세법」에 따른 가산세는 제외)을 결정하여 통지하기 전까지 기한후과세표준신고서를 제출할 수 있다. O X

076. 정답 X
법정신고기한까지 과세표준신고서를 제출하지 아니한 자는 관할 세무서장이 세법에 따라 해당 국세의 과세표준과 세액(국세기본법 및 세법에 따른 가산세를 포함)을 결정하여 통지하기 전까지 기한후과세표준신고서를 제출할 수 있다.

077 '기한후과세표준신고서를 제출'하거나 '기한후과세표준신고서를 제출한 자가 과세표준수정신고서를 제출'한 경우 관할 세무서장은 세법에 따라 신고일부터 2개월 이내에 해당 국세의 과세표준과 세액을 결정 또는 경정하여 신고인에게 통지하여야 한다. 다만, 그 과세표준과 세액을 조사할 때 조사 등에 장기간이 걸리는 등 부득이한 사유로 신고일부터 2개월 이내에 결정 또는 경정할 수 없는 경우에는 그 사유를 신고인에게 통지하여야 한다.

077. 정답 ✗
㉠ 기한후과세표준신고서를 제출하거나 ㉡ 기한후과세표준신고서를 제출한 자가 과세표준수정신고서를 제출한 경우 관할 세무서장은 세법에 따라 신고일부터 3개월 이내에 해당 국세의 과세표준과 세액을 결정 또는 경정하여 신고인에게 통지하여야 한다. 다만, 그 과세표준과 세액을 조사할 때 조사 등에 장기간이 걸리는 등 부득이한 사유로 신고일부터 3개월 이내에 결정 또는 경정할 수 없는 경우에는 그 사유를 신고인에게 통지하여야 한다.

078 세법에 따라 과세표준신고액에 상당하는 세액을 자진납부하는 국세에 관하여 과세표준수정신고서를 제출하는 납세자는 이미 납부한 세액이 과세표준수정신고액에 상당하는 세액에 미치지 못할 때에는 그 부족한 금액과 「국세기본법」 또는 「세법」에서 정하는 가산세를 추가하여 납부하여야 한다.

078. 정답 ○
세법에 따라 과세표준신고액에 상당하는 세액을 자진납부하는 국세에 관하여 과세표준수정신고서를 제출하는 납세자는 이미 납부한 세액이 과세표준수정신고액에 상당하는 세액에 미치지 못할 때에는 그 부족한 금액과 이 법 또는 세법에서 정하는 가산세를 추가하여 납부하여야 한다.

079 원천징수의무자의 정산 과정에서의 누락, 세무조정 과정에서의 누락 등 대통령령으로 정하는 사유로 불완전한 신고를 하였을 때(경정 등의 청구를 할 수 있는 경우 포함)에는 수정신고를 할 수 있다.

079. 정답 ✗
원천징수의무자의 정산 과정에서의 누락, 세무조정 과정에서의 누락 등 대통령령으로 정하는 사유로 불완전한 신고를 하였을 때(경정 등의 청구를 할 수 있는 경우는 제외)에는 수정신고를 할 수 있다.

080 국세의 과세표준과 세액의 결정 또는 경정결정은 그 처분 당시 그 국세의 납세지를 관할하는 세무서장이 한다.

080. 정답 ○
국세의 과세표준과 세액의 결정 또는 경정결정은 그 처분 당시 그 국세의 납세지를 관할하는 세무서장이 한다.

09 가산세

081 가산세는 해당 의무가 규정된 세법의 해당 국세의 세목(稅目)으로 하며, 해당 국세를 감면하는 경우에는 가산세는 그 감면대상에 포함한다. ⓞⓧ

081. 정답 ✗
가산세는 해당 의무가 규정된 세법의 해당 국세의 세목(稅目)으로 한다. 다만, 해당 국세를 감면하는 경우에는 가산세는 그 감면대상에 포함시키지 아니하는 것으로 한다.

082 납세의무자가 법정신고기한까지 세법에 따른 국세의 과세표준 신고(예정신고 및 중간신고를 제외하며, 「교육세법」 제9조에 따른 신고 중 금융·보험업자가 아닌 자의 신고와 「농어촌특별세법」 및 「종합부동산세법」에 따른 신고는 제외)를 하지 아니한 경우에는 무신고가산세를 납부하여야 한다. ⓞⓧ

082. 정답 ✗
납세의무자가 법정신고기한까지 세법에 따른 국세의 과세표준 신고(예정신고 및 중간신고를 포함하며, 「교육세법」 제9조에 따른 신고 중 금융·보험업자가 아닌 자의 신고와 「농어촌특별세법」 및 「종합부동산세법」에 따른 신고는 제외)를 하지 아니한 경우에는 무신고가산세를 납부하여야 한다.

083 지급명세서제출불성실가산세 등 납세협력의무 위반에 해당하는 가산세에 대해서는 그 의무위반의 종류별로 각각 1억원(「중소기업기본법」 제2조제1항에 따른 중소기업이 아닌 기업은 5천만원)을 한도로 한다. 다만, 해당 의무를 고의적으로 위반한 경우에는 그러하지 아니하다. ⓞⓧ

083. 정답 ✗
지급명세서제출불성실가산세 등 납세협력의무 위반에 해당하는 가산세에 대해서는 그 의무위반의 종류별로 각각 5천만원(「중소기업기본법」 제2조제1항에 따른 중소기업이 아닌 기업은 1억원)을 한도로 한다. 다만, 해당 의무를 고의적으로 위반한 경우에는 그러하지 아니하다.

084 과세표준신고서를 법정신고기한까지 제출하지 아니한 자가 법정신고기한이 지난 후 기한 후 신고를 한 경우로서 법정신고기한이 지난 후 3개월 초과 6개월 이내에 기한 후 신고를 한 경우 해당 가산세액의 100분의 30에 상당하는 무신고가산세를 감면한다. (과세표준과 세액을 결정할 것을 미리 알고 기한후과세표준신고서를 제출한 경우는 제외) ⓞⓧ

084. 정답 ✗
과세표준신고서를 법정신고기한까지 제출하지 아니한 자가 법정신고기한이 지난 후 기한 후 신고를 한 경우로서 법정신고기한이 지난 후 3개월 초과 6개월 이내에 기한 후 신고를 한 경우 해당 가산세액의 100분의 20에 상당하는 무신고가산세를 감면한다. (과세표준과 세액을 결정할 것을 미리 알고 기한후과세표준신고서를 제출한 경우는 제외)

085 정부는 납세자가 의무를 이행하지 아니한 데에 정당한 사유가 있는 경우에는 해당 가산세를 부과하지 아니한다. ⭕❌

085. 정답 ⭕
정부는 납세자가 의무를 이행하지 아니한 데에 정당한 사유가 있는 경우에는 해당 가산세를 부과하지 아니한다.

086 「인지세법」에 따른 법정납부기한이 지난 후 3개월 초과 6개월 이내에 납부한 경우에는 납부하지 아니한 세액 또는 과소납부분 세액의 100분의 300에 상당하는 금액을 납부지연가산세로 한다. ⭕❌

086. 정답 ❌
「인지세법」에 따른 법정납부기한이 지난 후 3개월 초과 6개월 이내에 납부한 경우에는 납부하지 아니한 세액 또는 과소납부분 세액의 100분의 200에 상당하는 금액을 납부지연가산세로 한다.

087 원천징수등 납부지연가산세가 부과되는 부분에 대해서는 국세의 납부와 관련하여 납부지연가산세를 부과하지 아니한다. ⭕❌

087. 정답 ⭕
원천징수등 납부지연가산세가 부과되는 부분에 대해서는 국세의 납부와 관련하여 납부지연가산세를 부과하지 아니한다.

088 납부지연가산세를 적용할 때 납부고지서에 따른 납부기한의 다음 날부터 납부일까지의 기간(「국세징수법」 제13조에 따라 지정납부기한과 독촉장에서 정하는 기한을 연장한 경우에는 그 연장기간은 제외)이 3년을 초과하는 경우에는 그 기간은 3년으로 한다. ⭕❌

088. 정답 ❌
납부지연가산세를 적용할 때 납부고지서에 따른 납부기한의 다음 날부터 납부일까지의 기간(「국세징수법」 제13조에 따라 지정납부기한과 독촉장에서 정하는 기한을 연장한 경우에는 그 연장기간은 제외)이 5년을 초과하는 경우에는 그 기간은 5년으로 한다.

089 세법에 따른 제출, 신고, 가입, 등록, 개설의 기한이 지난 후 3개월 이내에 해당 세법에 따른 제출등의 의무를 이행하는 경우(제출등의 의무위반에 대하여 세법에 따라 부과되는 가산세만 해당함)에는 해당 가산세액의 100분의 50에 상당하는 금액을 감면한다. ⭕❌

089. 정답 ❌
세법에 따른 제출, 신고, 가입, 등록, 개설의 기한이 지난 후 1개월 이내에 해당 세법에 따른 제출등의 의무를 이행하는 경우(제출등의 의무위반에 대하여 세법에 따라 부과되는 가산세만 해당함)에는 해당 가산세액의 100분의 50에 상당하는 금액을 감면한다.

090 세법에 따른 예정신고기한 및 중간신고기한까지 예정신고 및 중간신고를 하였으나 과소신고하거나 초과신고한 경우로서 확정신고기한까지 과세표준을 수정하여 신고한 경우에는 무신고가산세의 50%를 감면한다. (과세표준과 세액을 경정할 것을 미리 알고 과세표준신고를 하는 경우는 제외) O X

090. 정답 X
세법에 따른 예정신고기한 및 중간신고기한까지 예정신고 및 중간신고를 하였으나 과소신고하거나 초과신고한 경우로서 확정신고기한까지 과세표준을 수정하여 신고한 경우에는 과소신고·초과환급신고가산세의 50%를 감면한다. (과세표준과 세액을 경정할 것을 미리 알고 과세표준신고를 하는 경우는 제외)

10 환급

091 세무서장은 납세의무자가 국세 및 강제징수비로서 납부한 금액 중 세법에 따라 환급하여야 할 환급세액이 있을 때에는 즉시 그 초과하여 납부한 금액 또는 환급세액을 국세환급금으로 결정하여야 한다. 단, 잘못 납부한 금액에 대해서는 국세환급금을 지급하지 아니할 수 있다. O X

091. 정답 X
세무서장은 납세의무자가 국세 및 강제징수비로서 납부한 금액 중 잘못 납부하거나 초과하여 납부한 금액이 있거나 세법에 따라 환급하여야 할 환급세액(세법에 따라 환급세액에서 공제하여야 할 세액이 있을 때에는 공제한 후에 남은 금액)이 있을 때에는 즉시 그 잘못 납부한 금액, 초과하여 납부한 금액 또는 환급세액을 국세환급금으로 결정하여야 한다.

092 체납된 국세 및 강제징수비에 대한 충당이 있는 경우 체납된 국세 및 강제징수비와 국세환급금은 체납된 국세의 법정납부기한과 대통령령으로 정하는 국세환급금 발생일 중 빠른 때로 소급하여 대등액에 관하여 소멸한 것으로 본다. O X

092. 정답 X
체납된 국세 및 강제징수비에 대한 충당이 있는 경우 체납된 국세 및 강제징수비와 국세환급금은 체납된 국세의 법정납부기한과 대통령령으로 정하는 국세환급금 발생일 중 늦은 때로 소급하여 대등액에 관하여 소멸한 것으로 본다.

093 원천징수의무자가 원천징수하여 납부한 세액에서 환급받을 환급세액이 있는 경우 그 환급액은 그 원천징수의무자가 원천징수하여 납부하여야 할 세액에 충당(다른 세목의 원천징수세액에의 충당은 할 수 없다.)하고 남은 금액을 환급한다. 다만, 그 원천징수의무자가 그 환급액을 즉시 환급해 줄 것을 요구하는 경우나 원천징수하여 납부하여야 할 세액이 없는 경우에는 즉시 환급한다. O X

093. 정답 X
원천징수의무자가 원천징수하여 납부한 세액에서 환급받을 환급세액이 있는 경우 그 환급액은 그 원천징수의무자가 원천징수하여 납부하여야 할 세액에 충당(다른 세목의 원천징수세액에의 충당은 「소득세법」에 따른 원천징수이행상황신고서에 그 충당·조정명세를 적어 신고한 경우에만 할 수 있다)하고 남은 금액을 환급한다. 다만, 그 원천징수의무자가 그 환급액을 즉시 환급해 줄 것을 요구하는 경우나 원천징수하여 납부하여야 할 세액이 없는 경우에는 즉시 환급한다.

094 국세환급금 중 충당한 후 남은 금액은 국세환급금의 결정을 한 날부터 3개월 내에 대통령령으로 정하는 바에 따라 납세자에게 지급하여야 한다. ⭕❌

> **094.** 정답 ❌
> 국세환급금 중 충당한 후 남은 금액은 국세환급금의 결정을 한 날부터 30일 내에 대통령령으로 정하는 바에 따라 납세자에게 지급하여야 한다.

095 국세환급금 중 충당한 후 남은 금액이 20만원 이하이고, 지급결정을 한 날부터 1년 이내에 환급이 이루어지지 아니하는 경우에는 납부고지에 의하여 납부하는 국세에 충당할 수 있다. 이 경우 납세자의 동의가 있는 것으로 본다. ⭕❌

> **095.** 정답 ❌
> 국세환급금 중 충당한 후 남은 금액이 10만원 이하이고, 지급결정을 한 날부터 1년 이내에 환급이 이루어지지 아니하는 경우에는 납부고지에 의하여 납부하는 국세에 충당할 수 있다. 이 경우 납세자의 동의가 있는 것으로 본다.

096 과세의 대상이 되는 소득, 수익, 재산, 행위 또는 거래의 귀속이 명의일 뿐이고 사실상 귀속되는 자가 따로 있어 명의대여자에 대한 과세를 취소하고 실질귀속자를 납세의무자로 하여 과세하는 경우 명의대여자 대신 실질귀속자가 납부한 것으로 확인된 금액은 실질귀속자의 기납부세액으로 먼저 공제하고 남은 금액이 있는 경우에는 실질귀속자에게 환급한다. ⭕❌

> **096.** 정답 ⭕
> 과세의 대상이 되는 소득, 수익, 재산, 행위 또는 거래의 귀속이 명의일 뿐이고 사실상 귀속되는 자가 따로 있어 명의대여자에 대한 과세를 취소하고 실질귀속자를 납세의무자로 하여 과세하는 경우 명의대여자 대신 실질귀속자가 납부한 것으로 확인된 금액은 실질귀속자의 기납부세액으로 먼저 공제하고 남은 금액이 있는 경우에는 실질귀속자에게 환급한다.

097 납세자가 「상속세 및 증여세법」 제73조에 따라 상속세를 물납(物納)한 후 그 부과의 전부 또는 일부를 취소하거나 감액하는 경정 결정에 따라 환급하는 경우에는 해당 물납재산으로 환급하여야 하며, 이 경우에도 국세환급가산금을 지급하여야 한다. ⭕❌

> **097.** 정답 ❌
> 납세자가 「상속세 및 증여세법」 제73조에 따라 상속세를 물납(物納)한 후 그 부과의 전부 또는 일부를 취소하거나 감액하는 경정 결정에 따라 환급하는 경우에는 해당 물납재산으로 환급하여야 한다. 이 경우 국세환급가산금은 지급하지 아니한다.

098 경정 등의 청구, 이의신청, 심사청구, 심판청구, 「감사원법」에 따른 심사청구 또는 「행정소송법」에 따른 소송에 대한 결정이나 판결 없이 대통령령으로 정하는 고충민원의 처리에 따라 국세환급금을 충당하거나 지급하는 경우에는 국세환급가산금을 가산하지 아니한다. ⭕❌

> **098.** 정답 ⭕
> 경정 등의 청구, 이의신청, 심사청구, 심판청구, 「감사원법」에 따른 심사청구 또는 「행정소송법」에 따른 소송에 대한 결정이나 판결 없이 대통령령으로 정하는 고충민원의 처리에 따라 국세환급금을 충당하거나 지급하는 경우에는 국세환급가산금을 가산하지 아니한다.

099 납세자는 국세환급금에 관한 권리를 타인에게 양도할 수 없다. ⭕❌

099. 정답 ❌
납세자는 국세환급금에 관한 권리를 타인에게 양도할 수 있다. 국세환급금에 관한 권리를 타인에게 양도하려는 납세자는 세무서장이 국세환급금통지서를 발급하기 전에 문서로 관할 세무서장에게 양도를 요구하여야 한다.

100 납세자의 국세환급금과 국세환급가산금에 관한 권리는 행사할 수 있는 때부터 5년(5억원 이상의 국세환급금은 10년)간 행사하지 아니하면 소멸시효가 완성된다. ⭕❌

100. 정답 ❌
납세자의 국세환급금과 국세환급가산금에 관한 권리는 행사할 수 있는 때부터 5년간 행사하지 아니하면 소멸시효가 완성된다.

11 불복 (1)

101 이의신청인, 심사청구인 또는 심판청구인은 신청 또는 청구의 대상이 3천만원 미만(지방세는 1천만원 미만)인 경우에는 그 배우자, 6촌 이내의 혈족 또는 그 배우자의 6촌 이내의 혈족을 대리인으로 선임할 수 있다. ⭕❌

101. 정답 ❌
이의신청인, 심사청구인 또는 심판청구인은 신청 또는 청구의 대상이 3천만원 미만(지방세는 1천만원 미만)인 경우에는 그 배우자, 4촌 이내의 혈족 또는 그 배우자의 4촌 이내의 혈족을 대리인으로 선임할 수 있다.

102 대리인은 본인을 위하여 그 신청 또는 청구에 관한 모든 행위를 할 수 있다.(신청 또는 청구의 취하 포함) ⭕❌

102. 정답 ❌
대리인은 본인을 위하여 그 신청 또는 청구에 관한 모든 행위를 할 수 있다. 다만, 그 신청 또는 청구의 취하는 특별한 위임을 받은 경우에만 할 수 있다.

103 「조세범 처벌절차법」에 따른 통고처분, 「감사원법」에 따라 심사청구를 한 처분이나 그 심사청구에 대한 처분에 대해서는 불복 청구를 할 수 없으나 과태료 부과처분에 대해서는 불복 청구를 할 수 있다. ⭕❌

103. 정답 ❌
「조세범 처벌절차법」에 따른 통고처분, 「감사원법」에 따라 심사청구를 한 처분이나 그 심사청구에 대한 처분, 과태료 부과처분에 대해서는 불복 청구를 할 수 없다.

104 심사청구가 이유 없다고 인정될 때에는 그 청구를 각하하는 결정을 한다. ☐☒

104. 정답 ☒
심사청구가 이유 없다고 인정될 때에는 그 청구를 기각하는 결정을 한다.

105 심사청구에 대하여 국세청장은 심사청구의 내용이나 절차가 이 법 또는 세법에 적합하지 아니하나 보정할 수 있다고 인정되면 20일 이내의 기간을 정하여 보정할 것을 요구할 수 있다. 다만, 보정할 사항이 경미한 경우에는 직권으로 보정할 수 있다. 이의신청 및 심판청구에 대해서도 20일의 보정 기간이 적용된다. ☐☒

105. 정답 ☒
심사청구에 대하여 국세청장은 심사청구의 내용이나 절차가 이 법 또는 세법에 적합하지 아니하나 보정할 수 있다고 인정되면 20일 이내의 기간을 정하여 보정할 것을 요구할 수 있다. 다만, 보정할 사항이 경미한 경우에는 직권으로 보정할 수 있다. 이의신청에 대해서도 20일의 보정 기간이 적용되며, 심판청구는 상당한 기간을 정하여 보정할 것을 요구할 수 있다.

106 심판청구는 해당 처분이 있음을 안 날(처분의 통지를 받은 때에는 그 받은 날)부터 3개월 이내에 제기하여야 한다. ☐☒

106. 정답 ☒
심판청구는 해당 처분이 있음을 안 날(처분의 통지를 받은 때에는 그 받은 날)부터 90일 이내에 제기하여야 한다.

107 이의신청에 대한 결정은 이의신청을 받은 날부터 30일 이내에 하여야 한다. 다만, 이의신청인이 송부받은 의견서에 대하여 이의신청 결정기간 내에 항변하는 경우에는 이의신청을 받은 날부터 90일 이내에 하여야 한다. ☐☒

107. 정답 ☒
이의신청에 대한 결정은 이의신청을 받은 날부터 30일 이내에 하여야 한다. 다만, 이의신청인이 송부받은 의견서에 대하여 이의신청 결정기간 내에 항변하는 경우에는 이의신청을 받은 날부터 60일 이내에 하여야 한다.

108 국세에 관한 행정소송은 「행정소송법」 제20조에도 불구하고 심사청구 또는 심판청구에 대한 결정의 통지를 받은 날부터 90일 이내에 제기하여야 한다. 다만, 심사청구 또는 심판청구의 결정기간에 결정의 통지를 받지 못한 경우에는 결정의 통지를 받기 전이라도 그 결정기간이 지난 날부터 행정소송을 제기할 수 있다. ☐☒

108. 정답 ☐
국세에 관한 행정소송은 「행정소송법」 제20조에도 불구하고 심사청구 또는 심판청구에 대한 결정의 통지를 받은 날부터 90일 이내에 제기하여야 한다. 다만, 심사청구 또는 심판청구의 결정기간에 결정의 통지를 받지 못한 경우에는 결정의 통지를 받기 전이라도 그 결정기간이 지난 날부터 행정소송을 제기할 수 있다.

109 이의신청, 심사청구 또는 심판청구는 세법에 특별한 규정이 있는 것을 제외하고는 해당 처분의 집행에 효력을 미치지 아니한다. 다만, 해당 재결청(裁決廳)이 처분의 집행 또는 절차의 속행 때문에 이의신청인, 심사청구인 또는 심판청구인에게 중대한 손해가 생기는 것을 예방할 필요성이 긴급하다고 인정할 때에는 처분의 집행 또는 절차 속행의 전부 또는 일부의 정지(=집행정지)를 결정할 수 있다. ○Ⅹ

109. 정답 ○
이의신청, 심사청구 또는 심판청구는 세법에 특별한 규정이 있는 것을 제외하고는 해당 처분의 집행에 효력을 미치지 아니한다. 다만, 해당 재결청(裁決廳)이 처분의 집행 또는 절차의 속행 때문에 이의신청인, 심사청구인 또는 심판청구인에게 중대한 손해가 생기는 것을 예방할 필요성이 긴급하다고 인정할 때에는 처분의 집행 또는 절차 속행의 전부 또는 일부의 정지(=집행정지)를 결정할 수 있다.

110 이의신청인, 심사청구인, 심판청구인 또는 처분청(처분청의 경우 심사청구에 한정)은 그 신청 또는 청구에 관계되는 서류를 열람할 수 있으며 대통령령으로 정하는 바에 따라 해당 재결청에 의견을 진술할 수 있다. ○Ⅹ

110. 정답 Ⅹ
이의신청인, 심사청구인, 심판청구인 또는 처분청(처분청의 경우 심사청구에 한정)은 그 신청 또는 청구에 관계되는 서류를 열람할 수 있으며 대통령령으로 정하는 바에 따라 해당 재결청에 의견을 진술할 수 있다.

12 불복 (2)

111 「국세기본법」 또는 세법에 따른 처분으로서 위법 또는 부당한 처분을 받거나 필요한 처분을 받지 못함으로 인하여 권리나 이익을 침해당한 자는 해당 처분이 국세청장이 조사·결정 또는 처리하거나 하였어야 할 것인 경우에는 그 처분에 대하여 심사청구 또는 심판청구에 앞서 이 장의 규정에 따른 이의신청을 할 수 있다. ○Ⅹ

111. 정답 Ⅹ
「국세기본법」 또는 세법에 따른 처분으로서 위법 또는 부당한 처분을 받거나 필요한 처분을 받지 못함으로 인하여 권리나 이익을 침해당한 자는 해당 처분이 국세청장이 조사·결정 또는 처리하거나 하였어야 할 것인 경우를 제외하고는 그 처분에 대하여 심사청구 또는 심판청구에 앞서 이 장의 규정에 따른 이의신청을 할 수 있다.

112 재조사 결정에 따른 처분청의 처분에 대해 「국세기본법」에 따른 심사청구 또는 심판청구를 거쳐 행정소송을 제기하는 경우에는 재조사 후 행한 처분청의 처분에 대하여 제기한 심사청구 또는 심판청구에 대한 결정의 통지를 받은 날부터 90일 이내에 제기하여야 한다. 다만, 결정기간 내에 결정의 통지를 받지 못하는 경우에는 행정소송을 제기할 수 없다. ○Ⅹ

112. 정답 Ⅹ
재조사 결정에 따른 처분청의 처분에 대해 「국세기본법」에 따른 심사청구 또는 심판청구를 거쳐 행정소송을 제기하는 경우에는 재조사 후 행한 처분청의 처분에 대하여 제기한 심사청구 또는 심판청구에 대한 결정의 통지를 받은 날부터 90일 이내에 제기하여야 한다. 다만, 결정기간 내에 결정의 통지를 받지 못하는 경우에는 그 결정기간이 지난 날부터 행정소송을 제기할 수 있다.

113 이의신청인, 심사청구인, 심판청구인은 재결청(과세전적부심사의 경우에는 세무서장이나 지방국세청장)에 법정 요건을 모두 갖추어 국선대리인을 선정하여 줄 것을 신청할 수 있다. 그러나 과세전적부심사 청구인은 국선대리인을 신청하지 못한다. ⊙⊗

113. 정답 ⊗
이의신청인, 심사청구인, 심판청구인 및 과세전적부심사 청구인은 재결청(과세전적부심사의 경우에는 세무서장이나 지방국세청장)에 법정 요건을 모두 갖추어 국선대리인을 선정하여 줄 것을 신청할 수 있다.

114 이의신청인등이 법인이 아니고, 5천만원 이하인 신청 또는 청구로서 상속세, 증여세 및 종합부동산세가 아닌 세목에 대한 신청 또는 청구인 경우 등 요건을 충족한 경우에 국선대리인 신청이 가능하다. ⊙⊗

114. 정답 ⊗
이의신청인등이 법인이 아니고, 3천만원 이하인 신청 또는 청구로서 상속세, 증여세 및 종합부동산세가 아닌 세목에 대한 신청 또는 청구인 경우 등 요건을 충족한 경우에 국선대리인 신청이 가능하다.

115 이의신청인, 심사청구인 또는 심판청구인은 국세청장 또는 조세심판원장이 운영하는 정보통신망을 이용하여 이의신청서, 심사청구서 또는 심판청구서를 제출할 수 있으며 이 경우에는 국세청장 또는 조세심판원장에게 이의신청서, 심사청구서 또는 심판청구서가 전송된 때에 제출된 것으로 본다. ⊙⊗

115. 정답 ○
이의신청인, 심사청구인 또는 심판청구인은 국세청장 또는 조세심판원장이 운영하는 정보통신망을 이용하여 이의신청서, 심사청구서 또는 심판청구서를 제출할 수 있으며 이 경우에는 국세청장 또는 조세심판원장에게 이의신청서, 심사청구서 또는 심판청구서가 전송된 때에 제출된 것으로 본다.

116 심사청구를 하는 경우 심사청구기한까지 우편으로 제출한 심사청구서가 청구기간을 지나서 도달한 경우에는 우편날짜도장이 찍힌 날에 적법한 청구를 한 것으로 본다. ⊙⊗

116. 정답 ⊗
심사청구를 하는 경우 심사청구기한까지 우편으로 제출한 심사청구서가 청구기간을 지나서 도달한 경우에는 그 기간의 만료일에 적법한 청구를 한 것으로 본다.

117 국세청장은 심사청구를 받은 경우로서 심사청구기간이 지난 후에 제기된 심사청구에 대하여는 국세심사위원회의 의결에 따라 결정을 하여야 한다. ⊙⊗

117. 정답 ⊗
국세청장은 심사청구를 받으면 국세심사위원회의 의결에 따라 결정을 하여야 한다. 다만, 심사청구기간이 지난 후에 제기된 심사청구 및 심사청구의 내용이 기획재정부령으로 정하는 경미한 사항에 해당하는 경우에는 그러하지 아니하다.

118 심사청구의 결정에서 재조사 결정이 있는 경우 처분청은 재조사 결정일로부터 90일 이내에 결정서 주문에 기재된 범위에 한정하여 조사하고, 그 결과에 따라 취소·경정하거나 필요한 처분을 하여야 한다. 이 경우 처분청은 세무조사를 연기하거나 조사기간을 연장하거나 조사를 중지할 수 있다. ◯☒

118. 정답 ☒
심사청구의 결정에서 재조사 결정이 있는 경우 처분청은 재조사 결정일로부터 60일 이내에 결정서 주문에 기재된 범위에 한정하여 조사하고, 그 결과에 따라 취소·경정하거나 필요한 처분을 하여야 한다. 이 경우 처분청은 세무조사를 연기하거나 조사기간을 연장하거나 조사를 중지할 수 있다.

119 국세청장은 심사청구에 대한 결정을 할 때 심사청구를 한 처분 외의 처분에 대해서는 그 처분의 전부 또는 일부를 취소 또는 변경하거나 새로운 처분의 결정을 하지 못한다. ◯☒

119. 정답 ◯
국세청장은 심사청구에 대한 결정을 할 때 심사청구를 한 처분 외의 처분에 대해서는 그 처분의 전부 또는 일부를 취소 또는 변경하거나 새로운 처분의 결정을 하지 못한다.(불고불리의 원칙)

120 조세심판관은 심판청구일 전 최근 10년 이내에 불복의 대상이 되는 처분, 처분에 대한 이의신청 또는 그 기초가 되는 세무조사(「조세범 처벌절차법」에 따른 조세범칙조사를 포함)에 관여하였던 경우에는 심판관여로부터 제척된다. ◯☒

120. 정답 ☒
조세심판관은 심판청구일 전 최근 5년 이내에 불복의 대상이 되는 처분, 처분에 대한 이의신청 또는 그 기초가 되는 세무조사(「조세범 처벌절차법」에 따른 조세범칙조사를 포함)에 관여하였던 경우에는 심판관여로부터 제척된다.

13 납세자의 권리(세무조사) (1)

121 세무공무원은 납세자가 수시선정 세무조사 사유 중 어느 하나에 해당하는 경우를 제외하고는 납세자가 성실하며 납세자가 제출한 신고서 등이 진실한 것으로 간주하여야 한다. ◯☒

121. 정답 ☒
세무공무원은 납세자가 수시선정 세무조사 사유 중 어느 하나에 해당하는 경우를 제외하고는 납세자가 성실하며 납세자가 제출한 신고서 등이 진실한 것으로 추정하여야 한다.

122 세무공무원은 세무조사를 하기 위하여 필요한 최소한의 범위에서 장부등의 제출을 요구하여야 하며, 조사대상 세목 및 과세기간의 과세표준과 세액의 계산과 관련 없는 장부등의 제출을 요구해서는 아니 된다. ◯☒

122. 정답 ◯
세무공무원은 세무조사를 하기 위하여 필요한 최소한의 범위에서 장부등의 제출을 요구하여야 하며, 조사대상 세목 및 과세기간의 과세표준과 세액의 계산과 관련 없는 장부등의 제출을 요구해서는 아니 된다.

123 세무공무원은 세무조사를 하는 경우에는 조사를 받을 납세자에게 조사를 시작하기 10일 전에 조사대상 세목, 조사기간 및 조사 사유, 그 밖에 대통령령으로 정하는 사항을 사전통지하여야 한다. 다만, 사전통지를 하면 증거인멸 등으로 조사 목적을 달성할 수 없다고 인정되는 경우에는 그러하지 아니하다. O X

123. 정답 X
세무공무원은 세무조사를 하는 경우에는 조사를 받을 납세자에게 조사를 시작하기 15일 전에 조사대상 세목, 조사기간 및 조사 사유, 그 밖에 대통령령으로 정하는 사항을 사전통지하여야 한다. 다만, 사전통지를 하면 증거인멸 등으로 조사 목적을 달성할 수 없다고 인정되는 경우에는 그러하지 아니하다.

124 세무공무원은 세무조사 기간을 정할 경우 조사대상 과세기간 중 연간 수입금액 또는 양도가액이 가장 큰 과세기간의 연간 수입금액 또는 양도가액이 100억원 미만인 납세자에 대한 세무조사 기간은 2개월 이내로 한다. O X

124. 정답 X
세무공무원은 세무조사 기간을 정할 경우 조사대상 과세기간 중 연간 수입금액 또는 양도가액이 가장 큰 과세기간의 연간 수입금액 또는 양도가액이 100억원 미만인 납세자에 대한 세무조사 기간은 20일 이내로 한다.

125 세무공무원은 어떠한 경우에도 세무조사 진행 중 세무조사의 범위를 확대할 수 없다. O X

125. 정답 X
세무공무원은 구체적인 세금탈루 혐의가 여러 과세기간 또는 다른 세목까지 관련되는 것으로 확인되는 경우 등 대통령령으로 정하는 경우를 제외하고는 조사진행 중 세무조사의 범위를 확대할 수 없다. 만약 세무조사의 범위를 확대하는 경우에는 그 사유와 범위를 납세자에게 문서로 통지하여야 한다.

126 세무공무원은 세무조사(「조세범 처벌절차법」에 따른 조세범칙조사 제외)의 목적으로 납세자의 장부등을 세무관서에 임의로 보관할 수 없다. O X

126. 정답 X
세무공무원은 세무조사(「조세범 처벌절차법」에 따른 조세범칙조사를 포함)의 목적으로 납세자의 장부등을 세무관서에 임의로 보관할 수 없다. 단, 수시선정 세무조사 사유에 해당하는 경우에는 조사 목적에 필요한 최소한의 범위에서 납세자, 소지자 또는 보관자 등 정당한 권한이 있는 자가 임의로 제출한 장부등을 납세자의 동의를 받아 세무관서에 일시 보관할 수 있다.

127 세무조사는 납세자의 사업과 관련하여 세법에 따라 신고·납부의무가 있는 세목을 통합하여 실시하는 것을 원칙으로 한다. 단, 국세환급금의 결정을 위하여 확인이 필요한 경우, 거래상대방에 대한 세무조사 중에 거래 일부의 확인이 필요한 경우 등의 경우에는 필요한 부분에 한정한 부분조사를 실시할 수 있다. O X

127. 정답 O
세무조사는 납세자의 사업과 관련하여 세법에 따라 신고·납부의무가 있는 세목을 통합하여 실시하는 것을 원칙으로 한다. 단, 국세환급금의 결정을 위하여 확인이 필요한 경우, 거래상대방에 대한 세무조사 중에 거래 일부의 확인이 필요한 경우 등의 경우에는 필요한 부분에 한정한 부분조사를 실시할 수 있다.

128 세무공무원은 세무조사를 마쳤을 때에는 그 조사를 마친 날부터 30일(공시송달 사유에 해당하는 경우에는 40일) 이내에 세무조사결과를 납세자에게 설명하고, 이를 서면으로 통지하여야 한다. O X

128. 정답 X
세무공무원은 세무조사를 마쳤을 때에는 그 조사를 마친 날부터 20일(공시송달 사유에 해당하는 경우에는 40일) 이내에 세무조사결과를 납세자에게 설명하고, 이를 서면으로 통지하여야 한다. 다만, 납세관리인을 정하지 아니하고 국내에 주소 또는 거소를 두지 아니한 경우 등 대통령령으로 정하는 경우에는 그러하지 아니하다.(단, 납세자가 폐업을 한 경우에도 세무조사 결과통지는 하여야 함)

129 세무조사 결과에 대한 서면통지, 과세예고통지를 받은 자는 통지를 받은 날부터 14일 이내에 통지를 한 세무서장이나 지방국세청장에게 통지 내용의 적법성에 관한 과세전적부심사를 청구할 수 있다. O X

129. 정답 X
세무조사 결과에 대한 서면통지, 과세예고통지를 받은 자는 통지를 받은 날부터 30일 이내에 통지를 한 세무서장이나 지방국세청장에게 통지 내용의 적법성에 관한 과세전적부심사를 청구할 수 있다.

130 과세전적부심사 청구를 받은 세무서장, 지방국세청장 또는 국세청장은 직권으로 과세전적부심사청구에 대한 결정을 하고 그 결과를 청구를 받은 날부터 30일 이내에 청구인에게 통지하여야 한다. O X

130. 정답 X
과세전적부심사 청구를 받은 세무서장, 지방국세청장 또는 국세청장은 각각 국세심사위원회의 심사를 거쳐 결정을 하고 그 결과를 청구를 받은 날부터 30일 이내에 청구인에게 통지하여야 한다.

14 납세자의 권리(세무조사) (2)

131 납세자가 세무공무원에게 직무와 관련하여 금품을 제공하거나 금품제공을 알선한 경우에는 같은 세목 및 같은 과세기간에 대한 재조사를 할 수 없다. O X

131 정답 X
납세자가 세무공무원에게 직무와 관련하여 금품을 제공하거나 금품제공을 알선한 경우는 중복조사 금지의 예외 사유이므로 같은 세목 및 같은 과세기간에 대한 재조사를 할 수 있다.

132 불복 및 과세전적부심사 청구에 따른 재조사 결정에 따라 조사를 하는 경우(결정서 주문에 기재된 범위 외의 조사 포함)는 중복조사 금지의 예외 사유이다. O X

132 정답 X
불복 및 과세전적부심사 청구에 따른 재조사 결정에 따라 조사를 하는 경우(결정서 주문에 기재된 범위의 조사에 한정한다)는 중복조사 금지의 예외 사유이다.

133 최근 5년 이상 같은 세목의 세무조사를 받지 아니한 납세자에 대하여 업종, 규모, 경제력 집중 등을 고려하여 대통령령으로 정하는 바에 따라 신고 내용이 적정한지를 검증할 필요가 있는 경우에 세무공무원은 정기적으로 신고의 적정성을 검증하기 위하여 대상을 선정하여 세무조사를 할 수 있다. O X

133 정답 X
최근 4과세기간 이상 같은 세목의 세무조사를 받지 아니한 납세자에 대하여 업종, 규모, 경제력 집중 등을 고려하여 대통령령으로 정하는 바에 따라 신고 내용이 적정한지를 검증할 필요가 있는 경우에 세무공무원은 정기적으로 신고의 적정성을 검증하기 위하여 대상을 선정하여 세무조사를 할 수 있다.

134 세무조사는 납세지 관할 세무서장 또는 지방국세청장이 수행한다. 다만, 납세자의 주된 사업장 등이 납세지와 관할을 달리하거나 납세지 관할 세무서장 또는 지방국세청장이 세무조사를 수행하는 것이 부적절한 경우 등 대통령령으로 정하는 사유에 해당하는 경우에는 국세청장(같은 지방국세청 소관 세무서 관할 조정의 경우에는 국세청장)이 그 관할을 조정할 수 있다. O X

134 정답 X
세무조사는 납세지 관할 세무서장 또는 지방국세청장이 수행한다. 다만, 납세자의 주된 사업장 등이 납세지와 관할을 달리하거나 납세지 관할 세무서장 또는 지방국세청장이 세무조사를 수행하는 것이 부적절한 경우 등 대통령령으로 정하는 사유에 해당하는 경우에는 국세청장(같은 지방국세청 소관 세무서 관할 조정의 경우에는 지방국세청장)이 그 관할을 조정할 수 있다.

135 세무조사는 납세자의 사업과 관련하여 세법에 따라 신고·납부의무가 있는 세목을 통합하여 실시하는 것을 원칙으로 한다. O X

135 정답 O
세무조사는 납세자의 사업과 관련하여 세법에 따라 신고·납부의무가 있는 세목을 통합하여 실시하는 것을 원칙으로 한다.

136 경정 등의 청구에 대한 처리 또는 국세환급금의 결정을 위하여 확인이 필요한 경우, 불복 및 과세전적부심사의 재조사 결정에 따라 사실관계의 확인 등이 필요한 경우에는 해당 사항에 대한 확인을 위하여 필요한 부분에 한정한 부분조사를 실시하여야 한다. O X

136 정답 X
경정 등의 청구에 대한 처리 또는 국세환급금의 결정을 위하여 확인이 필요한 경우, 불복 및 과세전적부심사의 재조사 결정에 따라 사실관계의 확인 등이 필요한 경우에는 해당 사항에 대한 확인을 위하여 필요한 부분에 한정한 부분조사를 실시할 수 있다.

137 명의위장, 차명계좌의 이용을 통하여 세금을 탈루한 혐의에 대한 확인이 필요한 경우에는 부분조사를 실시할 수 잇으며, 해당 부분조사는 같은 세목 및 같은 과세기간에 대하여 3회를 초과하여 실시할 수 없다. O X

137 정답 X
명의위장, 차명계좌의 이용을 통하여 세금을 탈루한 혐의에 대한 확인이 필요한 경우에는 부분조사를 실시할 수 잇으며, 해당 부분조사는 같은 세목 및 같은 과세기간에 대하여 2회를 초과하여 실시할 수 없다.

138 국가행정기관, 지방자치단체 또는 「공공기관의 운영에 관한 법률」에 따른 공공기관이 급부·지원 등을 위한 자격의 조사·심사 등에 필요한 경우 세무공무원은 당사자의 동의 여부에 관계없이 그 사용 목적에 맞는 범위에서 납세자의 과세정보를 제공할 수 있다. O X

138 정답 X
국가행정기관, 지방자치단체 또는 「공공기관의 운영에 관한 법률」에 따른 공공기관이 급부·지원 등을 위한 자격의 조사·심사 등에 필요한 과세정보를 당사자의 동의를 받아 요구하는 경우 세무공무원은 그 사용 목적에 맞는 범위에서 납세자의 과세정보를 제공할 수 있다.

139 세무조사 결과 통지 및 과세예고통지를 하는 날부터 국세부과 제척기간의 만료일까지의 기간이 3개월 이하인 경우에는 과세전적부심사청구를 할 수 없다. O X

139 정답 O
세무조사 결과 통지 및 과세예고통지를 하는 날부터 국세부과 제척기간의 만료일까지의 기간이 3개월 이하인 경우에는 과세전적부심사청구를 할 수 없다.

140 「감사원법」 제33조에 따른 시정요구에 따라 세무서장 또는 지방국세청장이 과세처분하는 경우로서 시정요구 전에 과세처분 대상자가 감사원의 지적사항에 대한 소명안내를 받은 경우에는 납부고지하려는 세액이 100만원 이상인 경우에 한하여 미리 납세자에게 과세예고통지하여야 한다. O X

140 정답 X
납부고지하려는 세액이 100만원 이상인 경우 세무서장 또는 지방국세청장은 미리 납세자에게 그 내용을 서면으로 통지(과세예고통지)하여야 한다. 다만, 「감사원법」 제33조에 따른 시정요구에 따라 세무서장 또는 지방국세청장이 과세처분하는 경우로서 시정요구 전에 과세처분 대상자가 감사원의 지적사항에 대한 소명안내를 받은 경우는 제외한다.

15 보칙

141 납세자가 국내에 주소 또는 거소를 두지 아니하거나 국외로 주소 또는 거소를 이전할 때에는 국세에 관한 사항을 처리하기 위하여 납세관리인을 정할 수 있다. ⭕❌

141. 정답 ❌
납세자가 국내에 주소 또는 거소를 두지 아니하거나 국외로 주소 또는 거소를 이전할 때에는 국세에 관한 사항을 처리하기 위하여 납세관리인을 정하여야 한다.

142 고지할 국세(인지세 포함) 및 강제징수비를 합친 금액이 1만원 미만일 때에는 그 금액은 없는 것으로 본다. ⭕❌

142. 정답 ❌
고지할 국세(인지세는 제외) 및 강제징수비를 합친 금액이 1만원 미만일 때에는 그 금액은 없는 것으로 본다.

143 세무공무원은 직무를 집행할 때 필요하면 국가기관, 지방자치단체 또는 그 소속 공무원에게 협조를 요청할 수 있다. 이 경우 요청을 받은 자는 정당한 사유가 없으면 협조하여야 한다. ⭕❌

143. 정답 ⭕
세무공무원은 직무를 집행할 때 필요하면 국가기관, 지방자치단체 또는 그 소속 공무원에게 협조를 요청할 수 있다. 이 경우 요청을 받은 자는 정당한 사유가 없으면 협조하여야 한다.

144 국세청장은 조세를 탈루한 자에 대한 탈루세액 또는 부당하게 환급·공제받은 세액을 산정하는 데 중요한 자료를 제공한 자에게는 20억원의 범위에서 포상금을 지급할 수 있다. ⭕❌

144. 정답 ❌
국세청장은 조세를 탈루한 자에 대한 탈루세액 또는 부당하게 환급·공제받은 세액을 산정하는 데 중요한 자료를 제공한 자에게는 40억원의 범위에서 포상금을 지급할 수 있다.

145 세무서장(지방국세청장, 국세청장을 포함)은 「소득세법」 제164조 및 「법인세법」 제120조에 따라 제출받은 근로소득에 대한 지급명세서를 상속·증여 재산의 확인, 조세탈루의 혐의를 인정할 만한 명백한 자료의 확인, 「조세특례제한법」 제100조의3에 따른 근로장려금 신청자격의 확인에 이용할 수 있다. ⭕❌

145. 정답 ❌
세무서장(지방국세청장, 국세청장을 포함)은 「소득세법」 제164조 및 「법인세법」 제120조에 따라 제출받은 이자소득 또는 배당소득에 대한 지급명세서를 상속·증여 재산의 확인, 조세탈루의 혐의를 인정할 만한 명백한 자료의 확인, 「조세특례제한법」 제100조의3에 따른 근로장려금 신청자격의 확인에 이용할 수 있다.

146 세법상의 장부 및 증거서류는 그 거래사실이 속하는 과세기간에 대한 해당 국세의 법정신고기한이 지난 날부터 15년간 보존하여야 한다. 다만, 제척기간이 끝난 날이 속하는 과세기간 이후의 과세기간에 이월결손금을 공제하는 경우에는 그 이월결손금을 공제한 과세기간의 법정신고기한으로부터 1년까지 보존하여야 한다. O X

146. 세법상의 장부 및 증거서류는 그 거래사실이 속하는 과세기간에 대한 해당 국세의 법정신고기한이 지난 날부터 5년간 보존하여야 한다. 다만, 제척기간이 끝난 날이 속하는 과세기간 이후의 과세기간에 이월결손금을 공제하는 경우에는 그 이월결손금을 공제한 과세기간의 법정신고기한으로부터 1년까지 보존하여야 한다. **정답 X**

147 납세자가 이의신청서, 심사청구서 및 심판청구서를 우편으로 제출하는 경우에는 서류접수증을 발급하지 아니할 수 있다. O X

147. 납세자가 이의신청서, 심사청구서 및 심판청구서를 우편으로 제출하는 경우에는 서류접수증을 발급하지 아니할 수 있다. **정답 O**

148 국세청장은 조세정책의 수립 및 평가 등에 활용하기 위하여 과세정보를 분석·가공한 통계자료를 작성·관리하여야 한다. 이 경우 통계자료는 납세자의 과세정보를 직접적 방법 또는 간접적인 방법으로 확인할 수 있도록 작성되어야 한다. O X

148. 국세청장은 조세정책의 수립 및 평가 등에 활용하기 위하여 과세정보를 분석·가공한 통계자료를 작성·관리하여야 한다. 이 경우 통계자료는 납세자의 과세정보를 직접적 방법 또는 간접적인 방법으로 확인할 수 없도록 작성되어야 한다. **정답 X**

149 관할 세무서장은 세법의 질문·조사권 규정에 따른 세무공무원의 질문에 대하여 거짓으로 진술하거나 그 직무집행을 거부 또는 기피한 자에게 2천만원 이하의 과태료를 부과·징수한다. O X

149. 관할 세무서장은 세법의 질문·조사권 규정에 따른 세무공무원의 질문에 대하여 거짓으로 진술하거나 그 직무집행을 거부 또는 기피한 자에게 5천만원 이하의 과태료를 부과·징수한다. **정답 X**

150 국세청장은 과세정보를 타인에게 제공 또는 누설하거나 그 목적 외의 용도로 사용한 자에게 2천만원 이하의 과태료를 부과·징수한다. 「형법」 등 다른 법률에 따라 형사처벌을 받은 경우에도 과태료를 부과한다. O X

150. 국세청장은 과세정보를 타인에게 제공 또는 누설하거나 그 목적 외의 용도로 사용한 자에게 2천만원 이하의 과태료를 부과·징수한다. 다만, 「형법」 등 다른 법률에 따라 형사처벌을 받은 경우에는 과태료를 부과하지 아니하고, 과태료를 부과한 후 형사처벌을 받은 경우에는 과태료 부과를 취소한다. **정답 X**

CHAPTER 2 부가가치세법

01 총칙

001 「부가가치세법」상 "사업자"란 사업 목적이 영리인 경우로서 사업상 독립적으로 재화 또는 용역을 공급하는 자를 말한다. ○Ⅹ

001. 정답 Ⅹ
「부가가치세법」상 "사업자"란 사업 목적이 영리이든 비영리이든 관계없이 사업상 독립적으로 재화 또는 용역을 공급하는 자를 말한다.

002 신탁재산과 관련된 재화 또는 용역을 공급하는 때에는 「신탁법」 제2조에 따른 위탁자가 신탁재산별로 각각 별도의 납세의무자로서 부가가치세를 납부할 의무가 있다. ○Ⅹ

002. 정답 Ⅹ
신탁재산과 관련된 재화 또는 용역을 공급하는 때에는 「신탁법」 제2조에 따른 수탁자가 신탁재산별로 각각 별도의 납세의무자로서 부가가치세를 납부할 의무가 있다. 단, 신탁재산과 관련된 재화 또는 용역을 위탁자 명의로 공급하는 경우, 위탁자가 신탁재산을 실질적으로 지배·통제하는 경우로서 대통령령으로 정하는 경우 등에는 위탁자가 신탁재산에 대한 부가가치세 납세의무를 진다.

003 수탁자가 납세의무자가 되는 신탁재산에 둘 이상의 공동수탁자가 있는 경우에는 공동수탁자 중 신탁사무를 주로 처리하는 대표수탁자가 부가가치세를 신고·납부하여야 한다. 이 경우 공동수탁자는 부가가치세를 연대하여 납부할 의무가 없다. ○Ⅹ

003. 정답 Ⅹ
수탁자가 납세의무자가 되는 신탁재산에 둘 이상의 공동수탁자가 있는 경우 공동수탁자는 부가가치세를 연대하여 납부할 의무가 있다. 이 경우 공동수탁자 중 신탁사무를 주로 처리하는 대표수탁자가 부가가치세를 신고·납부하여야 한다.

004 간이과세자가 간이과세자에 관한 규정의 적용을 포기함으로써 일반과세자로 되는 경우 간이과세의 적용 포기의 신고일이 속하는 과세기간의 개시일부터 그 신고일이 속하는 달의 전달 마지막 날까지의 기간을 간이과세자의 과세기간으로 하고, 간이과세 포기신고일이 속하는 달의 1일부터 그 날이 속하는 과세기간의 종료일까지의 기간은 일반과세자의 과세기간으로 한다. ○Ⅹ

004. 정답 Ⅹ
간이과세자가 간이과세자에 관한 규정의 적용을 포기함으로써 일반과세자로 되는 경우 간이과세의 적용 포기의 신고일이 속하는 과세기간의 개시일부터 그 신고일이 속하는 달의 마지막 날까지의 기간을 간이과세자의 과세기간으로 하고, 간이과세 포기신고일이 속하는 달의 다음 달 1일부터 그 날이 속하는 과세기간의 종료일까지의 기간은 일반과세자의 과세기간으로 한다.

005 사업장 단위로 등록한 사업자가 7월 1일부터 사업자 단위 과세 사업자로 변경하려면 6월 20일 전까지 사업자의 본점 또는 주사무소 관할 세무서장에게 변경등록을 신청하여야 한다. ⭕❌

005. 정답 ❌
사업장 단위로 등록한 사업자가 사업자 단위 과세 사업자로 변경하려면 사업자 단위 과세 사업자로 적용받으려는 과세기간 개시 20일 전까지 사업자의 본점 또는 주사무소 관할 세무서장에게 변경등록을 신청하여야 한다.

006 사업자는 사업장마다 사업 개시일부터 25일 이내에 사업장 관할 세무서장에게 사업자등록을 신청하여야 한다. 다만, 신규로 사업을 시작하려는 자는 사업 개시일 이전이라도 사업자등록을 신청할 수 있다. ⭕❌

006. 정답 ❌
사업자는 사업장마다 사업 개시일부터 20일 이내에 사업장 관할 세무서장에게 사업자등록을 신청하여야 한다. 다만, 신규로 사업을 시작하려는 자는 사업 개시일 이전이라도 사업자등록을 신청할 수 있다.

007 재화를 보관하고 관리할 수 있는 시설만 갖춘 장소로서 대통령령으로 정하는 바에 따라 하치장(荷置場)으로 신고된 장소는 사업장으로 보지 아니한다. ⭕❌

007. 정답 ⭕
재화를 보관하고 관리할 수 있는 시설만 갖춘 장소로서 대통령령으로 정하는 바에 따라 하치장(荷置場)으로 신고된 장소는 사업장으로 보지 아니한다.

008 부가가치세를 납부하여야 하는 위탁자가 부가가치세등을 체납한 경우로서 그 위탁자의 다른 재산에 대하여 강제징수를 하여도 징수할 금액에 미치지 못할 때에는 해당 신탁재산의 수탁자는 그 신탁재산으로써 이 법에 따라 위탁자의 부가가치세등을 납부할 제2차 납세의무가 있다. ⭕❌

008. 정답 ❌
부가가치세를 납부하여야 하는 위탁자가 부가가치세등을 체납한 경우로서 그 위탁자의 다른 재산에 대하여 강제징수를 하여도 징수할 금액에 미치지 못할 때에는 해당 신탁재산의 수탁자는 그 신탁재산으로써 이 법에 따라 위탁자의 부가가치세등을 납부할 물적납세의무가 있다.

009 "간이과세자"(簡易課稅者)란 직전 연도의 재화와 용역의 공급에 대한 공급대가의 합계액이 4천800만원에 미달하는 사업자로서, 간편한 절차로 부가가치세를 신고·납부하는 개인사업자를 말한다. ⭕❌

009. 정답 ❌
"간이과세자"(簡易課稅者)란 직전 연도의 재화와 용역의 공급에 대한 공급대가의 합계액이 8천만원(부동산임대업 및 과세유흥장소는 4천800만원)에 미달하는 사업자로서, 간편한 절차로 부가가치세를 신고·납부하는 개인사업자를 말한다.

010 제조업의 경우 최종제품을 완성하는 장소를 사업장으로 하되, 따로 제품 포장만을 하거나 용기에 충전만을 하는 장소, 저유소는 사업장으로 보지 않는다. ⭕❌

010. 정답 ⭕
제조업의 경우 최종제품을 완성하는 장소를 사업장으로 하되, 따로 제품 포장만을 하거나 용기에 충전만을 하는 장소, 저유소는 사업장으로 보지 않는다.

02 재화의 공급

011 사업자단위과세사업자로서 사업장이 둘 이상인 사업자가 자기의 사업과 관련하여 생산 또는 취득한 재화를 판매할 목적으로 자기의 다른 사업장에 반출하는 것은 재화의 공급으로 본다. ⭕❌

011. 정답 ❌
사업자단위과세사업자 또는 주사업장 총괄납부 적용을 받지 않는 사업자로서 사업장이 둘 이상인 사업자가 자기의 사업과 관련하여 생산 또는 취득한 재화를 판매할 목적으로 자기의 다른 사업장에 반출하는 것은 재화의 공급으로 본다.

012 설날·추석, 창립기념일 및 생일 등과 관련된 재화를 사용인에게 무상으로 공급하는 경우에는 사용인 1명당 연간 20만원을 한도로 재화의 공급으로 보지 않는다. 20만원을 초과하는 경우 해당 초과액에 대해서는 재화의 공급으로 본다. ⭕❌

012. 정답 ❌
설날·추석, 창립기념일 및 생일 등과 관련된 재화를 사용인에게 무상으로 공급하는 경우에는 사용인 1명당 연간 10만원을 한도로 재화의 공급으로 보지 않는다. 10만원을 초과하는 경우 해당 초과액에 대해서는 재화의 공급으로 본다.

013 위탁매매 또는 대리인에 의한 매매를 할 때에는 위탁자 또는 본인이 직접 재화를 공급하거나 공급받은 것으로 본다.(위탁자 또는 본인을 알 수 없는 경우 포함) ⭕❌

013. 정답 ❌
위탁매매 또는 대리인에 의한 매매를 할 때에는 위탁자 또는 본인이 직접 재화를 공급하거나 공급받은 것으로 본다. 다만, 위탁자 또는 본인을 알 수 없는 경우로서 대통령령으로 정하는 경우에는 수탁자 또는 대리인에게 재화를 공급하거나 수탁자 또는 대리인으로부터 재화를 공급받은 것으로 본다.

014 자기가 주요자재의 전부를 부담하고 상대방으로부터 인도받은 재화를 가공하여 새로운 재화를 만드는 가공계약에 따라 재화를 인도하는 것은 재화의 공급으로 보고, 자기가 주요자재의 일부를 부담하는 가공계약에 따라 재화를 인도하는 것은 용역의 공급으로 본다. ⭕❌

014. 정답 ❌
자기가 주요자재의 전부 또는 일부를 부담하고 상대방으로부터 인도받은 재화를 가공하여 새로운 재화를 만드는 가공계약에 따라 재화를 인도하는 것은 재화의 공급으로 본다.

015 보세구역에 있는 조달청 창고(조달청장이 개설한 것으로서 「관세법」 제174조에 따라 세관장의 특허를 받은 보세창고를 말함)에 보관된 물품에 대하여 조달청장이 발행하는 창고증권의 양도로서 임치물의 반환이 수반되지 아니하는 것(창고증권을 가진 사업자가 보세구역의 다른 사업자에게 인도하기 위하여 조달청 창고에서 임치물을 넘겨받는 경우를 포함)은 재화의 공급으로 보지 아니한다. O X

015. 정답 O
보세구역에 있는 조달청 창고(조달청장이 개설한 것으로서 「관세법」 제174조에 따라 세관장의 특허를 받은 보세창고를 말한다. 이하 같다)에 보관된 물품에 대하여 조달청장이 발행하는 창고증권의 양도로서 임치물의 반환이 수반되지 아니하는 것(창고증권을 가진 사업자가 보세구역의 다른 사업자에게 인도하기 위하여 조달청 창고에서 임치물을 넘겨받는 경우를 포함한다)은 재화의 공급으로 보지 아니한다.

016 「민사집행법」에 따른 경매(같은 법에 따른 강제경매, 담보권 실행을 위한 경매와 「민법」·「상법」 등 그 밖의 법률에 따른 경매를 포함)에 따라 재화를 인도하거나 양도하는 것은 재화의 공급으로 본다. O X

016. 정답 X
「민사집행법」에 따른 경매(같은 법에 따른 강제경매, 담보권 실행을 위한 경매와 「민법」·「상법」 등 그 밖의 법률에 따른 경매를 포함한다)에 따라 재화를 인도하거나 양도하는 것은 재화의 공급으로 보지 않는다.

017 자기적립마일리지등으로만 전부를 결제받고 공급하는 재화는 사업상증여로 보아 시가로 과세한다. O X

017. 정답 X
자기적립마일리지등으로만 전부를 결제받고 공급하는 재화는 사업상증여로 보지 않는다.

018 사업을 위하여 대가를 받지 아니하고 다른 사업자에게 인도하거나 양도하는 견본품은 재화의 공급으로 본다. O X

018. 정답 X
사업을 위하여 대가를 받지 아니하고 다른 사업자에게 인도하거나 양도하는 견본품은 재화의 공급으로 보지 않는다.

019 사업자가 자기생산·취득재화를 매입세액이 공제되지 아니하는 개별소비세 과세 대상 승용차로 사용 또는 소비하거나 그 자동차의 유지를 위하여 사용 또는 소비하는 것은 재화의 공급으로 본다. O X

019. 정답 O
사업자가 자기생산·취득재화를 매입세액이 공제되지 아니하는 개별소비세 과세 대상 승용차로 사용 또는 소비하거나 그 자동차의 유지를 위하여 사용 또는 소비하는 것은 재화의 공급으로 본다.

020 신탁재산의 소유권 이전으로서 위탁자로부터 수탁자에게 신탁재산을 이전하는 경우에는 재화의 공급으로 본다. O X

020. 정답 X
신탁재산의 소유권 이전으로서 위탁자로부터 수탁자에게 신탁재산을 이전하는 경우에는 재화의 공급으로 보지 않는다.

03 용역의 공급, 재화의 수입

021 사업자가 대가를 받지 아니하고 타인에게 용역을 공급하는 것은 용역의 공급으로 본다. O X

021. 정답 X
사업자가 대가를 받지 아니하고 타인에게 용역을 공급하는 것은 용역의 공급으로 보지 아니한다. 다만, 사업자가 특수관계인에게 사업용 부동산의 임대용역을 무상으로 공급하는 것은 용역의 공급으로 본다.

022 건설업의 경우 건설사업자가 건설자재의 전부 또는 일부를 부담하는 것은 용역의 공급으로 보고, 자기가 주요자재를 전혀 부담하지 아니하고 상대방으로부터 인도받은 재화를 단순히 가공만 해 주는 것은 재화의 공급으로 본다. O X

022. 정답 X
건설업의 경우 건설사업자가 건설자재의 전부 또는 일부를 부담하는 것과 자기가 주요자재를 전혀 부담하지 아니하고 상대방으로부터 인도받은 재화를 단순히 가공만 해 주는 것은 용역의 공급으로 본다.

023 수출신고가 수리된 물품으로서 선적되지 아니한 물품을 보세구역에서 반입하는 경우는 재화의 수입으로 본다. O X

023. 정답 X
외국으로부터 국내에 도착한 물품으로서 수입신고가 수리되기 전의 것과 수출신고가 수리된 물품을 국내에 반입하는 것은 재화의 수입으로 본다. 단, 수출신고가 수리된 물품으로서 선적되지 아니한 물품을 보세구역에서 반입하는 경우는 재화의 수입으로 보지 않는다.

024 주된 사업과 관련하여 우연히 또는 일시적으로 공급되는 재화 또는 용역의 공급은 별도의 공급으로 보되, 과세 및 면세 여부 등은 주된 사업의 과세 및 면세 여부 등을 따른다. O X

024. 정답 O
주된 사업과 관련하여 우연히 또는 일시적으로 공급되는 재화 또는 용역의 공급은 별도의 공급으로 보되, 과세 및 면세 여부 등은 주된 사업의 과세 및 면세 여부 등을 따른다.

025
산업상·상업상 또는 과학상의 지식·경험 또는 숙련에 관한 정보를 제공하는 것은 과세 대상 용역의 공급이 아니다. ○ ☒

025 정답 ☒
산업상·상업상 또는 과학상의 지식·경험 또는 숙련에 관한 정보를 제공하는 것은 용역의 공급으로 본다. (용역으로 본다는 것은 과세 대상이라는 의미임)

026
주된 재화 또는 용역의 공급에 부수되어 공급되는 것으로서 해당 대가가 주된 재화 또는 용역의 공급에 대한 대가에 통상적으로 포함되어 공급되는 재화 또는 용역은 별도의 공급으로 보지 않으므로 부수거래에 대해서는 별도로 세금계산서를 발급하지 않는다. ○ ☒

026 정답 ○
주된 재화 또는 용역의 공급에 부수되어 공급되는 것으로서 해당 대가가 주된 재화 또는 용역의 공급에 대한 대가에 통상적으로 포함되어 공급되는 재화 또는 용역은 별도의 공급으로 보지 않으므로 부수거래에 대해서는 별도로 세금계산서를 발급하지 않는다.

027
사업을 양수받는 자가 대가를 지급하는 때에 그 대가를 받은 자로부터 부가가치세를 징수하여 납부한 경우는 사업양도는 과세 거래로 보지 아니한다. ○ ☒

027 정답 ☒
사업을 양도하는 것으로서 대통령령으로 정하는 것은 재화의 공급으로 보지 아니한다. 다만, 그 사업을 양수받는 자가 대가를 지급하는 때에 그 대가를 받은 자로부터 부가가치세를 징수하여 납부한 경우는 사업양도를 과세 거래로 본다.

028
「신탁법」제10조에 따라 위탁자의 지위가 이전되는 경우에는 신탁재산의 공급으로 보지 아니한다. ○ ☒

028 정답 ☒
「신탁법」제10조에 따라 위탁자의 지위가 이전되는 경우에는 기존 위탁자가 새로운 위탁자에게 신탁재산을 공급한 것으로 본다. 다만, 신탁재산에 대한 실질적인 소유권의 변동이 있다고 보기 어려운 경우에는 신탁재산의 공급으로 보지 아니한다.

029
사업을 위하여 대가를 받지 아니하고 다른 사업자에게 인도하거나 양도하는 견본품은 사업상 증여로 보지 않으므로 부가가치세 과세 대상이 아니다. 그러나 대가를 받고 인도하는 견본품은 재화의 공급에 해당된다. ○ ☒

029 정답 ○
사업을 위하여 대가를 받지 아니하고 다른 사업자에게 인도하거나 양도하는 견본품은 사업상 증여로 보지 않으므로 부가가치세 과세 대상이 아니다. 그러나 대가를 받고 인도하는 견본품은 재화의 공급에 해당된다.

030 사업장이 둘 이상인 사업자가 자기의 사업과 관련하여 생산 또는 취득한 재화를 판매할 목적으로 자기의 다른 사업장에 반출하는 것은 당초 매입세액이 공제된 경우에 한하여 재화의 공급으로 본다. O X

030 정답 X
사업장이 둘 이상인 사업자가 자기의 사업과 관련하여 생산 또는 취득한 재화를 판매할 목적으로 자기의 다른 사업장에 반출하는 것은 당초 매입세액 공제 여부에 관계없이 재화의 공급으로 본다. 단, 사업자 단위 과세 사업자 또는 주사업장 총괄납부의 적용을 받는 사업자의 경우에는 직매장 반출을 공급으로 보지 않는다.(주사업장 총괄납부 사업자가 세금계산서를 발급하고 신고한 경우에는 재화의 공급으로 봄)

04 공급시기 및 공급장소

031 재화의 할부판매는 대가의 각 부분을 받기로 한 때를 재화의 공급시기로 본다. O X

031. 정답 X
재화의 할부판매는 인도일을 공급시기로 보고, 장기할부조건부 판매는 대가의 각 부분을 받기로 한 때를 재화의 공급시기로 본다.

032 재화의 수입시기는 재화를 수입하는 자가 수입신고를 하는 때로 한다. O X

032. 정답 X
재화의 수입시기는 「관세법」에 따른 수입신고가 수리된 때로 한다.

033 재화의 이동이 필요한 경우에는 재화가 인도되는 때를 공급시기로 하고, 재화의 이동이 필요하지 아니한 경우에는 재화가 이용가능하게 되는 때를 공급시기로 한다. O X

033. 정답 O
재화의 이동이 필요한 경우에는 재화가 인도되는 때를 공급시기로 하고, 재화의 이동이 필요하지 아니한 경우에는 재화가 이용가능하게 되는 때를 공급시기로 한다.

034 반환조건부 판매, 동의조건부 판매, 그 밖의 조건부 판매 및 기한부 판매의 경우에는 재화의 공급이 확정되는 때를 공급시기로 본다. O X

034. 정답 X
반환조건부 판매, 동의조건부 판매, 그 밖의 조건부 판매 및 기한부 판매의 경우에는 그 조건이 성취되거나 기한이 지나 판매가 확정되는 때를 공급시기로 본다.

035 무인판매기를 이용하여 재화를 공급하는 경우 해당 사업자가 무인판매기에서 재화를 인도하는 때를 재화의 공급시기로 본다. ⭕❌

035. 정답 ❌
무인판매기를 이용하여 재화를 공급하는 경우 해당 사업자가 무인판매기에서 현금을 꺼내는 때를 재화의 공급시기로 본다.

036 국내 및 국외에 걸쳐 용역이 제공되는 국제운송의 경우 사업자가 비거주자 또는 외국법인이면 여객이 탑승하거나 화물이 적재되는 장소를 용역의 공급장소로 한다. ⭕❌

036. 정답 ⭕
국내 및 국외에 걸쳐 용역이 제공되는 국제운송의 경우 사업자가 비거주자 또는 외국법인이면 여객이 탑승하거나 화물이 적재되는 장소를 용역의 공급장소로 한다.

037 사업자가 다른 사업자와 상표권 사용계약을 할 때 사용대가 전액을 일시불로 받고 상표권을 사용하게 하는 용역을 둘 이상의 과세기간에 걸쳐 계속적으로 제공하고 그 대가를 받은 때를 공급시기로 본다. ⭕❌

037 정답 ❌
사업자가 다른 사업자와 상표권 사용계약을 할 때 사용대가 전액을 일시불로 받고 상표권을 사용하게 하는 용역을 둘 이상의 과세기간에 걸쳐 계속적으로 제공하고 그 대가를 선불로 받는 경우에는 예정신고기간 또는 과세기간의 종료일을 공급시기로 본다.

038 완성도기준지급조건부로 용역을 공급하는 경우 역무의 제공이 완료되는 날 이후 받기로 한 대가의 부분에 대해서는 대가의 각 부분을 받기로 한 때를 용역의 공급시기로 본다. ⭕❌

038 정답 ❌
완성도기준지급조건부로 용역을 공급하는 경우 역무의 제공이 완료되는 날 이후 받기로 한 대가의 부분에 대해서는 역무의 제공이 완료되는 날을 그 용역의 공급시기로 본다.

039 장기할부판매, 전력이나 그 밖에 공급단위를 구획할 수 없는 재화 또는 용역을 계속적으로 공급하는 경우에는 법정공급시기가 되기 전에 세금계산서 또는 영수증을 발급하는 경우에는 그 대가의 각 부분을 받기로 한 때를 각각 그 재화 또는 용역의 공급시기로 본다. ⭕❌

039 정답 ❌
장기할부판매, 전력이나 그 밖에 공급단위를 구획할 수 없는 재화 또는 용역을 계속적으로 공급하는 경우에는 법정공급시기가 되기 전에 세금계산서 또는 영수증을 발급하는 경우에는 그 발급한 때를 그 재화 또는 용역의 공급시기로 본다.

040 재화가 공급되는 장소는 재화의 이동이 필요한 경우 재화의 이동이 시작되는 장소이고, 재화의 이동이 필요하지 아니한 경우에는 재화가 공급되는 시기에 재화가 있는 장소를 공급장소로 한다. ⭕❌

040 정답 ⭕
재화가 공급되는 장소는 재화의 이동이 필요한 경우 재화의 이동이 시작되는 장소이고, 재화의 이동이 필요하지 아니한 경우에는 재화가 공급되는 시기에 재화가 있는 장소를 공급장소로 한다.

05 영세율과 면세 (1)

041 내국물품(대한민국 선박에 의하여 채집되거나 잡힌 수산물은 제외)을 외국으로 반출하는 것은 재화의 수출에 해당되므로 영세율 적용 대상이다.

041. 정답 ✗
내국물품(대한민국 선박에 의하여 채집되거나 잡힌 수산물을 포함)을 외국으로 반출하는 것은 재화의 수출에 해당되므로 영세율 적용 대상이다.

042 영세율 적용 대상인 외국항행용역은 선박 또는 항공기에 의하여 여객이나 화물을 국내에서 국외로, 국내에서 국내로, 국외에서 국내로 또는 국외에서 국외로 수송하는 것을 말하며, 외국항행사업자가 자기의 사업에 부수하여 공급하는 재화 또는 용역을 포함한다.

042. 정답 ✗
영세율 적용 대상인 외국항행용역은 선박 또는 항공기에 의하여 여객이나 화물을 국내에서 국외로, 국외에서 국내로 또는 국외에서 국외로 수송하는 것을 말하며, 외국항행사업자가 자기의 사업에 부수하여 공급하는 재화 또는 용역을 포함한다.

043 면세의 포기를 신고한 사업자는 신고한 날부터 5년간 부가가치세를 면제받지 못한다.

043. 정답 ✗
면세의 포기를 신고한 사업자는 신고한 날부터 3년간 부가가치세를 면제받지 못한다.

044 국가, 지방자치단체, 지방자치단체조합 또는 대통령령으로 정하는 공익단체에 유상 또는 무상으로 공급하는 재화 또는 용역은 부가가치세를 면제한다.

044. 정답 ✗
국가, 지방자치단체, 지방자치단체조합 또는 대통령령으로 정하는 공익단체에 무상으로 공급하는 재화 또는 용역은 부가가치세를 면제한다.

045 가공되지 아니한 식료품(식용으로 제공되는 농산물, 축산물, 수산물과 임산물을 포함) 및 식용으로 제공되지 아니하는 농산물, 축산물, 수산물과 임산물은 우리나라에서 생산된 것에 한하여 부가가치세를 면제한다.

045. 정답 ✗
가공되지 아니한 식료품(식용으로 제공되는 농산물, 축산물, 수산물과 임산물을 포함) 및 우리나라에서 생산되어 식용으로 제공되지 아니하는 농산물, 축산물, 수산물과 임산물로서 대통령령으로 정하는 것은 부가가치세를 면제한다.

046 항공기, 시외우등고속버스, 시내버스, 전세버스, 택시, 특수자동차, 특종선박(特種船舶) 또는 고속철도에 의한 여객운송 용역은 부가가치세 과세 대상이다. ◯ ☒

046. 정답 ☒
항공기, 시외우등고속버스, 전세버스, 택시, 특수자동차, 특종선박(特種船舶) 또는 고속철도에 의한 여객운송 용역은 부가가치세 과세 대상이다.

047 도서(도서대여 용역 및 실내 도서 열람 포함), 신문, 잡지, 관보(官報), 「뉴스통신 진흥에 관한 법률」에 따른 뉴스통신 및 방송, 광고는 부가가치세를 면제한다. ◯ ☒

047. 정답 ☒
도서(도서대여 용역 및 실내 도서 열람 포함), 신문, 잡지, 관보(官報), 「뉴스통신 진흥에 관한 법률」에 따른 뉴스통신 및 방송으로서 대통령령으로 정하는 것은 부가가치세를 면제한다. 다만, 광고는 과세한다.

048 우리나라에 상주하는 외교공관, 영사기관, 국제연합과 이에 준하는 국제기구(우리나라가 당사국인 조약과 그 밖의 국내법령에 따라 특권과 면제를 부여받을 수 있는 경우만 해당) 등의 외교공관등에 재화 또는 용역을 공급하는 경우에는 영세율을 적용한다. ◯ ☒

048. 정답 ◯
우리나라에 상주하는 외교공관, 영사기관, 국제연합과 이에 준하는 국제기구(우리나라가 당사국인 조약과 그 밖의 국내법령에 따라 특권과 면제를 부여받을 수 있는 경우만 해당) 등의 외교공관등에 재화 또는 용역을 공급하는 경우에는 영세율을 적용한다.

049 국가, 지방자치단체 또는 지방자치단체조합이 그 소속 직원의 복리후생을 위하여 구내에서 식당을 직접 경영하여 음식을 공급하는 용역은 부가가치세를 과세한다. ◯ ☒

049. 정답 ☒
국가, 지방자치단체 또는 지방자치단체조합이 그 소속 직원의 복리후생을 위하여 구내에서 식당을 직접 경영하여 음식을 공급하는 용역은 부가가치세를 면제한다.

050 부가가치세가 면제되는 재화 또는 용역의 공급이 영세율 적용 대상에 해당하는 경우와 학술등 연구단체가 그 연구와 관련하여 실비 또는 무상으로 공급하는 재화 또는 용역인 경우에는 면세 포기를 할 수 없다. ◯ ☒

050. 정답 ☒
부가가치세가 면제되는 재화 또는 용역의 공급이 영세율 적용 대상에 해당하는 경우와 학술등 연구단체가 그 연구와 관련하여 실비 또는 무상으로 공급하는 재화 또는 용역인 경우에는 면세 포기를 할 수 있다.

06 영세율과 면세 (2)

051 원료를 대가 없이 국외의 수탁가공 사업자에게 반출하여 가공한 재화를 양도하는 경우에 그 원료의 반출로서 국외 사업장에서 계약과 대가 수령 등 거래가 이루어지는 것은 영세율 적용 대상이다. ⭕❌

051 정답 ❌
원료를 대가 없이 국외의 수탁가공 사업자에게 반출하여 가공한 재화를 양도하는 경우에 그 원료의 반출로서 국내 사업장에서 계약과 대가 수령 등 거래가 이루어지는 것은 영세율 적용 대상이다.

052 사업자가 「대한적십자사 조직법」에 따른 대한적십자사에 공급하는 재화(대한적십자사가 적십자사의 사업 수행을 위한 국제협력사업 등을 위하여 외국에 무상으로 반출하는 재화로 한정)는 세금계산서를 발급을 하지 아니한다. ⭕❌

052 정답 ❌
재화의 수출에 대하여는 세금계산서 발급의무가 면제된다. 그러나 원료를 대가 없이 국외의 수탁가공 사업자에게 반출하여 가공한 재화를 양도하는 경우에 그 원료의 반출, 내국신용장 또는 구매확인서에 의하여 공급하는 재화와 한국국제협력단, 한국국제보건의료재단 및 대한적십자사에 공급하는 재화는 영세율이 적용된다고 하더라도 세금계산서를 발급하여야 한다.

053 「관세법」에 따른 수입신고 수리 전의 물품으로서 보세구역에 보관하는 물품의 외국으로의 반출은 국내 사업장에서 계약과 대가 수령 등 거래가 이루어지는 것에 한하여 영세율 적용 대상이다. ⭕❌

053 정답 ⭕
「관세법」에 따른 수입신고 수리 전의 물품으로서 보세구역에 보관하는 물품의 외국으로의 반출은 국내 사업장에서 계약과 대가 수령 등 거래가 이루어지는 것에 한하여 영세율 적용 대상이다.

054 내국신용장에 의한 공급은 재화나 용역의 공급시기가 속하는 과세기간이 끝난 후 20일(그 날이 공휴일 또는 토요일인 경우에는 바로 다음 영업일) 이내에 개설되어야 영세율 적용이 가능하다. ⭕❌

054 정답 ❌
내국신용장에 의한 공급은 재화나 용역의 공급시기가 속하는 과세기간이 끝난 후 25일(그 날이 공휴일 또는 토요일인 경우에는 바로 다음 영업일) 이내에 개설되어야 영세율 적용이 가능하다.

055 외교공관등의 소속 직원으로서 해당 국가로부터 공무원 신분을 부여받은 자 또는 외교부장관으로부터 이에 준하는 신분임을 확인받은 자 중 내국인에게 대통령령으로 정하는 방법에 따라 재화 또는 용역을 공급하는 경우에는 영세율을 적용한다. ⭕❌

055 정답 ❌
외교공관등의 소속 직원으로서 해당 국가로부터 공무원 신분을 부여받은 자 또는 외교부장관으로부터 이에 준하는 신분임을 확인받은 자 중 내국인이 아닌 자에게 대통령령으로 정하는 방법에 따라 재화 또는 용역을 공급하는 경우에는 영세율을 적용한다.

056 영세율을 적용할 때 사업자가 비거주자 또는 외국법인이면 그 해당 국가에서 대한민국의 거주자 또는 내국법인에 대하여 동일하게 면세하는 경우에만 영세율을 적용한다. ⭕❌

056 정답 ⭕
영세율을 적용할 때 사업자가 비거주자 또는 외국법인이면 그 해당 국가에서 대한민국의 거주자 또는 내국법인에 대하여 동일하게 면세하는 경우에만 영세율을 적용한다.

057 주택과 이에 부수되는 토지의 임대 용역은 부가가치세를 면제한다. 단, 겸용주택의 임대의 경우에는 주택 부분 외의 사업용 건물 부분은 주택의 임대로 보지 아니한다. ⭕❌

057 정답 ❌
주택과 이에 부수되는 토지의 임대 용역은 부가가치세를 면제한다. 단, 겸용주택의 임대의 경우 주택 부분의 면적이 사업용 건물 부분의 면적보다 큰 경우에는 그 전부를 주택의 임대로 보고 주택 부분의 면적이 사업용 건물 부분의 면적과 같거나 그보다 작은 때에는 주택 부분 외의 사업용 건물 부분은 주택의 임대로 보지 아니한다.

058 면세되는 재화 또는 용역의 공급에 통상적으로 부수되는 재화 또는 용역의 공급은 그 면세되는 재화 또는 용역의 공급에 포함되는 것으로 본다. ⭕❌

058 정답 ⭕
면세되는 재화 또는 용역의 공급에 통상적으로 부수되는 재화 또는 용역의 공급은 그 면세되는 재화 또는 용역의 공급에 포함되는 것으로 본다.

059 외국으로부터 국가, 지방자치단체 또는 지방자치단체조합에 기증되는 재화는 부가가치세 과세 대상이다. ⭕❌

059 정답 ❌
외국으로부터 국가, 지방자치단체 또는 지방자치단체조합에 기증되는 재화는 부가가치세 면세 대상이다.

060 면세의 포기를 신고한 사업자가 면세포기 신고일부터 3년이 지난 뒤 계속해서 면세포기를 하려면 면세포기신고서를 다시 제출하여야 하며, 면세포기신고서를 제출하지 아니하면 면세사업자로 본다. ⭕❌

060 정답 ❌
면세의 포기를 신고한 사업자가 면세포기 신고일부터 3년이 지난 뒤 부가가치세를 면제받으려면 면세적용신고서를 제출하여야 하며, 면세적용신고서를 제출하지 아니하면 계속하여 면세를 포기한 것으로 본다.

07 세금계산서

061 사업자가 전자세금계산서를 발급하였을 때에는 전자세금계산서 발급일까지 전자세금계산서 발급명세를 국세청장에게 전송하여야 한다. O X

061. 정답 X
사업자가 전자세금계산서를 발급하였을 때에는 전자세금계산서 발급일의 다음 날까지 전자세금계산서 발급명세를 국세청장에게 전송하여야 한다.

062 전자세금계산서를 발급하여야 하는 사업자가 아닌 사업자는 전자세금계산서를 발급할 수 없다. O X

062. 정답 X
전자세금계산서를 발급하여야 하는 사업자가 아닌 사업자도 전자세금계산서를 발급하고 전자세금계산서 발급명세를 전송할 수 있다.

063 직전 연도의 공급대가의 합계액이 4천800만원 이하인 간이과세자는 재화 또는 용역의 공급시기에 그 공급을 받은 자에게 세금계산서를 발급하는 대신 영수증을 발급하여야 한다. O X

063. 정답 X
직전 연도의 공급대가의 합계액이 4천800만원 미만인 간이과세자는 재화 또는 용역의 공급시기에 그 공급을 받은 자에게 세금계산서를 발급하는 대신 영수증을 발급하여야 한다.

064 세관장은 수입되는 재화에 대하여 부가가치세를 징수할 때(부가가치세의 납부가 유예되는 때는 제외)에는 수입된 재화에 대한 수입세금계산서를 대통령령으로 정하는 바에 따라 수입하는 자에게 발급하여야 한다. O X

064. 정답 X
세관장은 수입되는 재화에 대하여 부가가치세를 징수할 때(부가가치세의 납부가 유예되는 때를 포함)에는 수입된 재화에 대한 수입세금계산서를 대통령령으로 정하는 바에 따라 수입하는 자에게 발급하여야 한다.

065 거래처별로 1역월의 공급가액을 합하여 해당 달의 말일을 작성 연월일로 하여 세금계산서를 발급하는 경우에는 재화 또는 용역의 공급일이 속하는 달의 다음 달 말일(그 날이 공휴일 또는 토요일인 경우에는 바로 다음 영업일)까지 세금계산서를 발급할 수 있다. O X

065. 정답 X
거래처별로 1역월의 공급가액을 합하여 해당 달의 말일을 작성 연월일로 하여 세금계산서를 발급하는 경우에는 재화 또는 용역의 공급일이 속하는 달의 다음 달 10일(그 날이 공휴일 또는 토요일인 경우에는 바로 다음 영업일)까지 세금계산서를 발급할 수 있다.

066 간편사업자등록을 한 사업자가 국내에 공급하는 전자적 용역에 대하여는 세금계산서를 발급할 수 없다. ⭕❌

066. 정답 ⭕
간편사업자등록을 한 사업자가 국내에 공급하는 전자적 용역에 대하여는 세금계산서를 발급할 수 없다.

067 세금계산서의 필요적 기재사항 등이 착오 외의 사유로 잘못 적힌 경우(과세표준 또는 세액을 경정할 것을 미리 알고 있는 경우는 제외)에는 재화나 용역의 공급일이 속하는 과세기간에 대한 확정신고기한 다음 날부터 3년 이내에 수정세금계산서를 발급할 수 있다. ⭕❌

067. 정답 ❌
세금계산서의 필요적 기재사항 등이 착오 외의 사유로 잘못 적힌 경우(과세표준 또는 세액을 경정할 것을 미리 알고 있는 경우는 제외)에는 재화나 용역의 공급일이 속하는 과세기간에 대한 확정신고기한 다음 날부터 1년 이내에 수정세금계산서를 발급할 수 있다.

068 계약의 해제로 재화 또는 용역이 공급되지 아니한 경우 수정세금계산서의 작성일은 처음 세금계산서 작성일과 동일하게 하여야 한다. ⭕❌

068. 정답 ❌
계약의 해제로 재화 또는 용역이 공급되지 아니한 경우 수정세금계산서의 작성일은 계약해제일로 적고 비고란에 처음 세금계산서 작성일을 덧붙여 적은 후 붉은색 글씨로 쓰거나 음(陰)의 표시를 하여 발급한다.

069 위탁판매 또는 대리인에 의한 판매의 경우 수탁자 또는 대리인이 재화를 인도할 때에는 수탁자 또는 대리인이 위탁자 또는 본인의 명의로 세금계산서를 발급하며, 위탁자 또는 본인이 직접 재화를 인도하는 때에도 위탁자 또는 본인이 세금계산서를 발급할 수 없다. ⭕❌

069. 정답 ❌
위탁판매 또는 대리인에 의한 판매의 경우 수탁자 또는 대리인이 재화를 인도할 때에는 수탁자 또는 대리인이 위탁자 또는 본인의 명의로 세금계산서를 발급하며, 위탁자 또는 본인이 직접 재화를 인도하는 때에는 위탁자 또는 본인이 세금계산서를 발급할 수 있다. 이 경우 수탁자 또는 대리인의 등록번호를 덧붙여 적어야 한다.

070 수용으로 인하여 재화가 공급되는 경우에는 해당 사업시행자가 세금계산서를 발급할 수 있다. ⭕❌

070. 정답 ⭕
수용으로 인하여 재화가 공급되는 경우에는 해당 사업시행자가 세금계산서를 발급할 수 있다.

08 과세표준 및 매출세액

071 일반과세자 및 간이과세자의 재화 또는 용역의 공급에 대한 부가가치세의 과세표준은 해당 과세기간에 공급한 재화 또는 용역의 공급가액을 합한 금액으로 한다. ◯ ✗

071. 정답 ✗
일반과세자의 재화 또는 용역의 공급에 대한 부가가치세의 과세표준은 해당 과세기간에 공급한 재화 또는 용역의 공급가액을 합한 금액으로 한다.(일반과세자의 과세표준은 공급가액 합계액이고, 간이과세자의 과세표준은 공급대가 합계액이다.)

072 재화의 수입에 대한 부가가치세의 과세표준은 그 재화에 대한 관세의 과세가격과 관세를 합한 후, 개별소비세, 주세, 교육세, 농어촌특별세 및 교통·에너지·환경세를 차감한 금액으로 한다. ◯ ✗

072. 정답 ✗
재화의 수입에 대한 부가가치세의 과세표준은 그 재화에 대한 관세의 과세가격과 관세, 개별소비세, 주세, 교육세, 농어촌특별세 및 교통·에너지·환경세를 합한 금액으로 한다.

073 재화 및 용역의 공급가액은 금전으로 대가를 받는 경우 자기가 공급한 재화 또는 용역의 시가를 공급가액으로 한다. ◯ ✗

073. 정답 ✗
재화 및 용역의 공급가액은 금전으로 대가를 받는 경우 그 대가를 말한다. 금전 외의 대가를 받는 경우에는 자기가 공급한 재화 또는 용역의 시가를 공급가액으로 한다.

074 사업자가 재화 또는 용역을 공급하고 그 대가로 받은 금액에 부가가치세가 포함되어 있는지가 분명하지 아니한 경우에는 그 대가로 받은 금액을 공급가액으로 한다. ◯ ✗

074. 정답 ✗
사업자가 재화 또는 용역을 공급하고 그 대가로 받은 금액에 부가가치세가 포함되어 있는지가 분명하지 아니한 경우에는 그 대가로 받은 금액에 110분의 100을 곱한 금액을 공급가액으로 한다.

075 대손세액 공제의 범위는 사업자가 부가가치세가 과세되는 재화 또는 용역을 공급한 후 그 공급일부터 10년이 지난 날이 속하는 과세기간 종료일까지 확정되는 대손세액(결정 또는 경정으로 증가된 과세표준에 대하여 부가가치세액을 납부한 경우 해당 대손세액을 포함)으로 한다. ◯ ✗

075. 정답 ✗
대손세액 공제의 범위는 사업자가 부가가치세가 과세되는 재화 또는 용역을 공급한 후 그 공급일부터 10년이 지난 날이 속하는 과세기간에 대한 확정신고기한까지 확정되는 대손세액(결정 또는 경정으로 증가된 과세표준에 대하여 부가가치세액을 납부한 경우 해당 대손세액을 포함)으로 한다.

076 장기할부판매의 경우에는 계약에 따라 받은 대가의 각 부분을 공급가액으로 한다. ⓞ ⓧ

076. 정답 ⓧ
장기할부판매의 경우에는 계약에 따라 받기로 한 대가의 각 부분을 공급가액으로 한다.

077 통상적으로 용기 또는 포장을 해당 사업자에게 반환할 것을 조건으로 그 용기대금과 포장비용을 공제한 금액으로 공급하는 경우에도 그 용기대금과 포장비용은 공급가액에 포함한다. ⓞ ⓧ

077. 정답 ⓧ
통상적으로 용기 또는 포장을 해당 사업자에게 반환할 것을 조건으로 그 용기대금과 포장비용을 공제한 금액으로 공급하는 경우에는 그 용기대금과 포장비용은 공급가액에 포함하지 아니한다.

078 부가가치세의 세율은 10퍼센트로 한다. ⓞ ⓧ

078. 정답 ⓞ
부가가치세의 세율은 10퍼센트로 한다.

079 기부채납의 경우에는 해당 기부채납의 근거가 되는 법률에 따라 기부채납된 가액을 공급가액으로 한다. 다만, 기부채납된 가액에 부가가치세가 포함된 경우 그 부가가치세는 제외한다. ⓞ ⓧ

079. 정답 ⓞ
기부채납의 경우에는 해당 기부채납의 근거가 되는 법률에 따라 기부채납된 가액을 공급가액으로 한다. 다만, 기부채납된 가액에 부가가치세가 포함된 경우 그 부가가치세는 제외한다.

080 대가를 외국통화나 그 밖의 외국환으로 받은 경우로서 공급시기가 되기 전에 원화로 환가(換價)한 경우에는 공급시기의 기준환율 또는 재정환율을 적용한 금액을 공급가액으로 한다. ⓞ ⓧ

080. 정답 ⓧ
대가를 외국통화나 그 밖의 외국환으로 받은 경우로서 공급시기가 되기 전에 원화로 환가(換價)한 경우에는 환가한 금액을 공급가액으로 하고, 그 외의 경우에는 공급시기의 기준환율 또는 재정환율을 적용한 가액으로 한다.

09 매입세액 공제

081 매출세액에서 공제하는 매입세액은 사업자가 자기의 사업을 위하여 사용하였거나 사용할 목적으로 공급받은 재화 또는 용역에 대한 부가가치세액(사업양수인이 대리납부한 부가가치세액 제외) 및 재화의 수입에 대한 부가가치세액을 포함한다. ○ ✕

081. 정답 ✕
매출세액에서 공제하는 매입세액은 사업자가 자기의 사업을 위하여 사용하였거나 사용할 목적으로 공급받은 재화 또는 용역에 대한 부가가치세액(사업양수인이 대리납부한 부가가치세액을 포함) 및 재화의 수입에 대한 부가가치세액을 포함한다.

082 건축물이 있는 토지를 취득하여 그 건축물을 철거하고 토지만 사용하는 경우에는 철거한 건축물의 취득 및 철거 비용과 관련된 매입세액은 공제 대상 매입세액이다. ○ ✕

082. 정답 ✕
건축물이 있는 토지를 취득하여 그 건축물을 철거하고 토지만 사용하는 경우에는 철거한 건축물의 취득 및 철거 비용과 관련된 매입세액은 불공제 대상 매입세액이다.

083 사업자등록을 신청하기 전의 매입세액은 불공제한다. 다만, 공급시기가 속하는 과세기간이 끝난 후 25일 이내에 등록을 신청한 경우 등록신청일부터 공급시기가 속하는 과세기간 기산일(부가가치세법 제5조제1항에 따른 과세기간의 기산일을 말함)까지 역산한 기간 내의 것은 제외한다. ○ ✕

083. 정답 ✕
사업자등록을 신청하기 전의 매입세액은 불공제한다. 다만, 공급시기가 속하는 과세기간이 끝난 후 20일 이내에 등록을 신청한 경우 등록신청일부터 공급시기가 속하는 과세기간 기산일(부가가치세법 제5조제1항에 따른 과세기간의 기산일을 말함)까지 역산한 기간 내의 것은 제외한다.

084 감가상각자산에 대하여 공통매입세액의 안분계산에 따라 매입세액이 공제된 후 공통매입세액 안분기준에 따른 비율과 감가상각자산의 취득일이 속하는 과세기간(그 후의 과세기간에 재계산한 때는 그 재계산한 과세기간)에 적용되었던 공통매입세액 안분기준에 따른 비율이 5퍼센트 이상 차이가 나면 대통령령으로 정하는 바에 따라 납부세액 또는 환급세액을 다시 계산하여 해당 과세기간의 예정신고 및 확정신고와 함께 관할 세무서장에게 신고·납부하여야 한다. ○ ✕

084. 정답 ✕
감가상각자산에 대하여 공통매입세액의 안분계산에 따라 매입세액이 공제된 후 공통매입세액 안분기준에 따른 비율과 감가상각자산의 취득일이 속하는 과세기간(그 후의 과세기간에 재계산한 때는 그 재계산한 과세기간)에 적용되었던 공통매입세액 안분기준에 따른 비율이 5퍼센트 이상 차이가 나면 대통령령으로 정하는 바에 따라 납부세액 또는 환급세액을 다시 계산하여 해당 과세기간의 확정신고와 함께 관할 세무서장에게 신고·납부하여야 한다.

085 의제매입세액 공제 대상이 되는 면세농산물등은 부가가치세를 면제받아 공급받은 농산물, 축산물, 수산물 또는 임산물(1차 가공을 거친 것은 포함하고 소금은 제외)로 한다. ◯☒

085. 정답 ☒
의제매입세액 공제 대상이 되는 면세농산물등은 부가가치세를 면제받아 공급받은 농산물, 축산물, 수산물 또는 임산물(1차 가공을 거친 것, 소금을 포함)로 한다.

086 재화 또는 용역의 공급시기 이후에 발급받은 세금계산서로서 해당 공급시기가 속하는 과세기간 말까지 발급받은 경우에는 매입세액 공제 가능하고 과세기간이 지난 후에 발급받으면 공제 불가능하다. ◯☒

086. 정답 ☒
재화 또는 용역의 공급시기 이후에 발급받은 세금계산서로서 해당 공급시기가 속하는 과세기간에 대한 확정신고기한까지 발급받은 경우에는 매입세액 공제 가능하다.

087 재화 또는 용역의 공급시기 전에 세금계산서를 발급받았더라도 재화 또는 용역의 공급시기가 그 세금계산서의 발급일부터 1년 이내에 도래하고 해당 거래사실이 확인되어 납세지 관할 세무서장등이 결정 또는 경정하는 경우에는 매입세액 공제가 가능하다. ◯☒

087. 정답 ☒
재화 또는 용역의 공급시기 전에 세금계산서를 발급받았더라도 재화 또는 용역의 공급시기가 그 세금계산서의 발급일부터 6개월 이내에 도래하고 해당 거래사실이 확인되어 납세지 관할 세무서장등이 결정 또는 경정하는 경우에는 매입세액 공제가 가능하다.

088 주로 사업자가 아닌 자에게 재화 또는 용역을 공급하는 사업으로서 대통령령으로 정하는 사업을 하는 사업자(법인사업자와 직전 연도의 재화 또는 용역의 공급가액의 합계액이 사업장별로 3억원을 초과하는 개인사업자는 제외)는 신용카드매출전표를 발급하거나 전자적 결제수단에 의하여 대금을 결제받는 경우에는 발급금액의 1.3%를 납부세액에서 공제한다. 단, 연간 1천만원을 한도로 한다. ◯☒

088. 정답 ☒
주로 사업자가 아닌 자에게 재화 또는 용역을 공급하는 사업으로서 대통령령으로 정하는 사업을 하는 사업자(법인사업자와 직전 연도의 재화 또는 용역의 공급가액의 합계액이 사업장별로 10억원을 초과하는 개인사업자는 제외)는 신용카드매출전표를 발급하거나 전자적 결제수단에 의하여 대금을 결제받는 경우에는 발급금액의 1.3%를 납부세액에서 공제한다. 단, 연간 1천만원을 한도로 한다.

089 과자점업, 도정업 등을 영위하는 개인제조업자는 의제매입세액 공제율 106분의 6을 적용한다. ◯☒

089. 정답 ◯
과자점업, 도정업 등을 영위하는 개인제조업자는 의제매입세액 공제율 106분의 6을 적용한다.

090 과세유흥장소 외의 법인음식사업자는 의제매입세액 공제율 108분의 8을 적용한다.

> **090.** 정답 ✕
> 과세유흥장소 외의 법인음식사업자는 의제매입세액 공제율로 106분의 6을 적용한다.

10 신고·납부·절차

091 사업자는 각 과세기간에 대한 과세표준과 납부세액 또는 환급세액을 그 과세기간이 끝난 후 25일(폐업하는 경우 폐업일이 속한 달의 다음 달 25일) 이내에 대통령령으로 정하는 바에 따라 납세지 관할 세무서장에게 신고하여야 한다. 다만, 예정신고를 한 사업자 또는 조기에 환급을 받기 위하여 신고한 사업자는 이미 신고한 과세표준과 납부한 납부세액 또는 환급받은 환급세액을 포함하여 신고한다.

> **091.** 정답 ✕
> 사업자는 각 과세기간에 대한 과세표준과 납부세액 또는 환급세액을 그 과세기간이 끝난 후 25일(폐업하는 경우 폐업일이 속한 달의 다음 달 25일) 이내에 대통령령으로 정하는 바에 따라 납세지 관할 세무서장에게 신고하여야 한다. 다만, 예정신고를 한 사업자 또는 조기에 환급을 받기 위하여 신고한 사업자는 이미 신고한 과세표준과 납부한 납부세액 또는 환급받은 환급세액은 신고하지 아니한다.

092 재화의 수입에 대한 부가가치세 납세의무자가 재화의 수입에 대하여 「관세법」에 따라 관세를 세관장에게 신고하고 납부하는 경우에는 재화의 수입에 대한 부가가치세를 함께 신고하고 납부하여야 한다.

> **092.** 정답 ○
> 재화의 수입에 대한 부가가치세 납세의무자가 재화의 수입에 대하여 「관세법」에 따라 관세를 세관장에게 신고하고 납부하는 경우에는 재화의 수입에 대한 부가가치세를 함께 신고하고 납부하여야 한다.

093 납세지 관할 세무서장은 개인사업자와 대통령령으로 정하는 법인사업자에 대하여는 각 예정신고기간마다 직전 과세기간에 대한 납부세액의 50퍼센트로 결정하여 대통령령으로 정하는 바에 따라 해당 예정신고기간이 끝난 후 25일까지 징수한다. 단, 징수하여야 할 금액이 100만원 미만인 경우에는 예정고지하지 아니한다.

> **093.** 정답 ✕
> 납세지 관할 세무서장은 개인사업자와 대통령령으로 정하는 법인사업자에 대하여는 각 예정신고기간마다 직전 과세기간에 대한 납부세액의 50퍼센트로 결정하여 대통령령으로 정하는 바에 따라 해당 예정신고기간이 끝난 후 25일까지 징수한다. 단, 징수하여야 할 금액이 50만원 미만인 경우에는 예정고지하지 아니한다.

094 일반과세자로서 개인사업자는 휴업 또는 사업 부진 등으로 인하여 각 예정신고기간의 공급가액 또는 납부세액이 직전 과세기간의 공급가액 또는 납부세액의 30퍼센트에 미달하는 경우에는 예정신고를 할 수 있다. O X

094. 정답 X
일반과세자로서 개인사업자는 휴업 또는 사업 부진 등으로 인하여 각 예정신고기간의 공급가액 또는 납부세액이 직전 과세기간의 공급가액 또는 납부세액의 3분의 1에 미달하는 경우에는 예정신고를 할 수 있다.

095 사업자가 예정신고를 할 때 그 예정신고기간의 납부세액을 부가가치세 예정신고서와 함께 각 납세지 관할 세무서장에게 납부하거나「국세징수법」에 따른 납부고지서를 작성하여 한국은행 또는 체신관서에 납부하여야 한다. O X

095. 정답 X
사업자가 예정신고를 할 때 그 예정신고기간의 납부세액을 부가가치세 예정신고서와 함께 각 납세지 관할 세무서장에게 납부하거나「국세징수법」에 따른 납부서를 작성하여 한국은행 또는 체신관서에 납부하여야 한다.

096 사업자는 매입세액이 공제되지 아니한 면세사업등을 위한 감가상각자산을 면세사업에 사용하거나 소비하는 경우 대통령령으로 정하는 바에 따라 계산한 금액을 그 과세사업에 사용하거나 소비하는 날이 속하는 과세기간의 매입세액으로 공제할 수 있다. O X

096. 정답 X
사업자는 매입세액이 공제되지 아니한 면세사업등을 위한 감가상각자산을 과세사업에 사용하거나 소비하는 경우 대통령령으로 정하는 바에 따라 계산한 금액을 그 과세사업에 사용하거나 소비하는 날이 속하는 과세기간의 매입세액으로 공제할 수 있다.

097 의제매입세액으로서 공제한 면세농산물등을 그대로 양도 또는 인도하거나 부가가치세가 면제되는 재화 또는 용역을 공급하는 사업, 그 밖의 목적에 사용하거나 소비할 때에는 그 공제한 금액을 납부세액에서 차감하거나 환급세액에 가산하여야 한다. O X

097. 정답 X
의제매입세액으로서 공제한 면세농산물등을 그대로 양도 또는 인도하거나 부가가치세가 면제되는 재화 또는 용역을 공급하는 사업, 그 밖의 목적에 사용하거나 소비할 때에는 그 공제한 금액을 납부세액에 가산하거나 환급세액에서 공제하여야 한다.

098 전자세금계산서 발급 전송에 대한 세액공제 한도는 연간 500만원이다. O X

098. 정답 X
전자세금계산서 발급 전송에 대한 세액공제 한도는 연간 100만원이다.

099 직전 과세기간 공급가액의 합계액이 1억5천만원 이하인 법인사업자는 예정신고를 하지 않고 예정고지에 의한 징수를 한다. ⭕❌

099. 정답 ❌
직전 과세기간 공급가액의 합계액이 1억5천만원 미만인 법인사업자는 예정신고를 하지 않고 예정고지에 의한 징수를 한다.

100 국내사업장이 없는 외국법인으로부터 용역을 공급받는 자의 대리납부 시기는 용역제공이 완료되는 때이다. ⭕❌

100. 정답 ❌
국내사업장이 없는 비거주자나 외국법인으로부터 대리납부를 하는 경우에는 그 대가를 지급하는 때에 그 대가를 받은 자로부터 부가가치세를 징수하여야 한다.(용역 제공이 완료되는 때가 아니라 대가를 지급하는 때에 대리납부세액을 징수하여 예정신고 또는 확정신고 시 관할세무서에 납부하는 것임)

11 환급 및 보칙

101 일반환급의 경우 납세지 관할 세무서장은 각 과세기간별로 그 과세기간에 대한 환급세액을 확정신고한 사업자에게 그 확정신고기한이 지난 후 25일 이내에 환급하여야 한다. ⭕❌

101. 정답 ❌
일반환급의 경우 납세지 관할 세무서장은 각 과세기간별로 그 과세기간에 대한 환급세액을 확정신고한 사업자에게 그 확정신고기한이 지난 후 30일 이내에 환급하여야 한다.

102 조기환급의 경우 예정신고기간 중 또는 과세기간 최종 3개월 중 매월 또는 매 2월을 조기환급기간이라고 하며 조기환급기간이 끝난 날부터 15일 이내에 조기환급기간에 대한 과세표준과 환급세액을 관할 세무서장에게 신고하는 경우에는 조기환급기간에 대한 환급세액을 각 조기환급기간별로 해당 조기환급신고기한이 지난 후 15일 이내에 사업자에게 환급하여야 한다. ⭕❌

102. 정답 ❌
조기환급의 경우 예정신고기간 중 또는 과세기간 최종 3개월 중 매월 또는 매 2월을 조기환급기간이라고 하며 조기환급기간이 끝난 날부터 25일 이내에 조기환급기간에 대한 과세표준과 환급세액을 관할 세무서장에게 신고하는 경우에는 조기환급기간에 대한 환급세액을 각 조기환급기간별로 해당 조기환급신고기한이 지난 후 15일 이내에 사업자에게 환급하여야 한다.

103 부가가치세에 관한 사무에 종사하는 공무원은 부가가치세에 관한 업무를 위하여 필요하면 납세의무자, 납세의무자와 거래를 하는 자, 납세의무자가 가입한 동업조합 또는 이에 준하는 단체에 부가가치세와 관계되는 사항을 질문할 수는 있으나, 그 장부·서류나 그 밖의 물건을 조사할 수는 없다. ⭕❌

103. 정답 ❌
부가가치세에 관한 사무에 종사하는 공무원은 부가가치세에 관한 업무를 위하여 필요하면 납세의무자, 납세의무자와 거래를 하는 자, 납세의무자가 가입한 동업조합 또는 이에 준하는 단체에 부가가치세와 관계되는 사항을 질문하거나 그 장부·서류나 그 밖의 물건을 조사할 수 있다. 납세지 관할 세무서장은 부가가치세의 납세보전 또는 조사를 위하여 납세의무자에게 장부·서류 또는 그 밖의 물건을 제출하게 하거나 그 밖에 필요한 사항을 명할 수 있다.

104 사업자가 현금매출명세서 또는 부동산임대공급가액명세서를 제출하지 아니하거나 제출한 수입금액(현금매출명세서의 경우에는 현금매출을 말함)이 사실과 다르게 적혀 있으면 제출하지 아니한 부분의 수입금액 또는 제출한 수입금액과 실제 수입금액과의 차액의 2퍼센트를 납부세액에 더하거나 환급세액에서 뺀다. ⭕❌

104. 정답 ❌
사업자가 현금매출명세서 또는 부동산임대공급가액명세서를 제출하지 아니하거나 제출한 수입금액(현금매출명세서의 경우에는 현금매출을 말함)이 사실과 다르게 적혀 있으면 제출하지 아니한 부분의 수입금액 또는 제출한 수입금액과 실제 수입금액과의 차액의 1퍼센트를 납부세액에 더하거나 환급세액에서 뺀다.

105 개인사업자가 사업장에 통상적으로 머무르지 아니하는 경우와 사업자가 3개월 이상 국외에 체류하려는 경우에는 부가가치세에 관한 신고·납부·환급, 그 밖에 필요한 사항을 처리하는 납세관리인을 정하여야 한다. ⭕❌

105. 정답 ❌
개인사업자가 사업장에 통상적으로 머무르지 아니하는 경우와 사업자가 6개월 이상 국외에 체류하려는 경우에는 부가가치세에 관한 신고·납부·환급, 그 밖에 필요한 사항을 처리하는 납세관리인을 정하여야 한다.

106 국외사업자가 정보통신망을 통하여 이동통신단말장치 또는 컴퓨터 등으로 공급하는 용역으로서 전자적 용역을 국내에 제공하는 경우(사업자등록을 한 자의 과세사업 또는 면세사업에 대하여 용역을 공급하는 경우는 제외)에는 사업의 개시일부터 25일 이내에 대통령령으로 정하는 간편한 방법으로 간편사업자등록을 하여야 한다. ⭕❌

106. 정답 ❌
국외사업자가 정보통신망을 통하여 이동통신단말장치 또는 컴퓨터 등으로 공급하는 용역으로서 전자적 용역을 국내에 제공하는 경우(사업자등록을 한 자의 과세사업 또는 면세사업에 대하여 용역을 공급하는 경우는 제외)에는 사업의 개시일부터 20일 이내에 대통령령으로 정하는 간편한 방법으로 간편사업자등록을 하여야 한다.

107 간편사업자등록을 한 자는 전자적 용역의 공급에 대한 거래명세를 그 거래사실이 속하는 과세기간에 대한 확정신고 기한이 지난 후 10년간 보관하여야 한다. ◯ ✗

107. 간편사업자등록을 한 자는 전자적 용역의 공급에 대한 거래명세를 그 거래사실이 속하는 과세기간에 대한 확정신고 기한이 지난 후 5년간 보관하여야 한다. [정답 ✗]

108 국외사업자가 다음 각 호의 어느 하나에 해당하는 제3자를 통하여 국내에 전자적 용역을 공급하는 경우에는 그 제3자가 해당 전자적 용역을 공급한 것으로 보며, 그 제3자는 사업의 개시일부터 20일 이내에 간편사업자등록을 하여야 한다. ◯ ✗

108. 국외사업자가 다음 각 호의 어느 하나에 해당하는 제3자를 통하여 국내에 전자적 용역을 공급하는 경우에는 그 제3자가 해당 전자적 용역을 공급한 것으로 보며, 그 제3자는 사업의 개시일부터 20일 이내에 간편사업자등록을 하여야 한다. [정답 ◯]

109 직전 사업연도에 「조세특례제한법 시행령」 제2조에 따른 중소기업인 경우에는 직전 사업연도에 공급한 재화 또는 용역의 공급가액의 합계액에서 수출액이 차지하는 비율이 30퍼센트 이상이거나 수출액이 30억원 이상인 경우 재화의 수입에 대한 납부 유예를 신청할 수 있다. ◯ ✗

109. 직전 사업연도에 「조세특례제한법 시행령」 제2조에 따른 중소기업인 경우에는 직전 사업연도에 공급한 재화 또는 용역의 공급가액의 합계액에서 수출액이 차지하는 비율이 30퍼센트 이상이거나 수출액이 50억원 이상인 경우 재화의 수입에 대한 납부 유예를 신청할 수 있다. [정답 ✗]

110 재화의 수입에 대하여 납부를 유예받은 중소·중견사업자는 납세지 관할 세무서장에게 확정신고 등을 할 때 그 납부가 유예된 세액을 정산하거나 납부하여야 하며, 예정신고 때에는 이를 정산하지 아니한다. ◯ ✗

110. 재화의 수입에 대하여 납부를 유예받은 중소·중견사업자는 납세지 관할 세무서장에게 예정신고 또는 확정신고 등을 할 때 그 납부가 유예된 세액을 정산하거나 납부하여야 한다. 이 경우 납세지 관할 세무서장에게 납부한 세액은 세관장에게 납부한 것으로 본다. [정답 ✗]

12 간이과세자

111 간이과세자의 해당 과세기간에 대한 공급대가의 합계액이 4천800만원 이하이면 부가가치세 납부의무를 면제한다. ◯ ✗

111. 간이과세자의 해당 과세기간에 대한 공급대가의 합계액이 4천800만원 미만이면 부가가치세 납부의무를 면제한다. [정답 ✗]

112 간이과세자는 음식업과 제조업에 한하여 의제매입세액 공제를 적용받을 수 있다. ⓞ ⓧ

112. 정답 ⓧ
간이과세자는 업종에 관계없이 의제매입세액 공제를 적용받을 수 없다.

113 간이과세자 또는 간이과세자에 관한 규정을 적용받게 되는 일반과세자가 간이과세자에 관한 규정의 적용을 포기하고 일반과세자에 관한 규정을 적용받으려는 경우에는 적용받으려는 달의 다음달 1일까지 간이과세 포기신고를 하여야 한다. ⓞ ⓧ

113. 정답 ⓧ
간이과세자 또는 간이과세자에 관한 규정을 적용받게 되는 일반과세자가 간이과세자에 관한 규정의 적용을 포기하고 일반과세자에 관한 규정을 적용받으려는 경우에는 적용받으려는 달의 전달의 마지막 날까지 간이과세 포기신고를 하여야 한다.

114 도매업(소매업을 겸영하는 경우 및 재생용 재료수집 및 판매업은 제외) 및 상품중개업을 영위하는 사업자는 간이과세 적용을 받지 못한다. ⓞ ⓧ

114. 정답 ⓧ
도매업(소매업을 겸영하는 경우를 포함하되, 재생용 재료수집 및 판매업은 제외) 및 상품중개업을 영위하는 사업자는 간이과세 적용을 받지 못한다.

115 일반과세자가 간이과세자로 변경되는 경우 재고납부세액 규정은 간이과세자로 변경된 당시의 재고품, 감가상각자산에 한하여 재고납부세액을 납부세액에 더하여야 한다. ⓞ ⓧ

115. 정답 ⓧ
일반과세자가 간이과세자로 변경되는 경우 재고납부세액 규정은 간이과세자로 변경된 당시의 재고품, 건설 중인 자산 및 감가상각자산(매입세액을 공제받은 경우만 해당하되, 사업양도에 의하여 사업양수자가 양수한 자산으로서 사업양도자가 매입세액을 공제받은 재화를 포함)에 대하여 재고납부세액을 납부세액에 더하여야 한다.(납부의무 면제자 포함)

116 사업장 관할세무서장은 간이과세자에 대하여 직전 과세기간에 대한 납부세액의 50퍼센트를 1월 1일부터 6월 30일까지의 납부세액으로 결정하여 대통령령으로 정하는 바에 따라 예정부과기간이 끝난 후 25일 이내까지 징수한다. ⓞ ⓧ

116. 정답 ⓞ
사업장 관할세무서장은 간이과세자에 대하여 직전 과세기간에 대한 납부세액의 50퍼센트를 1월 1일부터 6월 30일까지의 납부세액으로 결정하여 대통령령으로 정하는 바에 따라 예정부과기간이 끝난 후 25일 이내까지 징수한다.

117 간이과세자의 예정부과기간에 대하여 징수하여야 할 금액이 50만원 이하인 경우에는 예정부과기간에 대한 세액을 징수하지 아니한다. ◐※

117. 정답 ※
간이과세자의 예정부과기간에 대하여 징수하여야 할 금액이 50만원 미만인 경우에는 예정부과기간에 대한 세액을 징수하지 아니한다.

118 휴업 또는 사업 부진 등으로 인하여 예정부과기간의 공급대가의 합계액 또는 납부세액이 직전 과세기간의 공급대가의 합계액 또는 납부세액의 100분의 30에 미달하는 간이과세자는 예정부과기간의 과세표준과 납부세액을 예정부과기한까지 사업장 관할 세무서장에게 신고할 수 있다. ◐※

118. 정답 ※
휴업 또는 사업 부진 등으로 인하여 예정부과기간의 공급대가의 합계액 또는 납부세액이 직전 과세기간의 공급대가의 합계액 또는 납부세액의 3분의 1에 미달하는 간이과세자는 예정부과기간의 과세표준과 납부세액을 예정부과기한까지 사업장 관할 세무서장에게 신고할 수 있다.

119 간이과세자는 1월 1일부터 6월 30일을 "예정부과기간"이라 하고, 예정부과기간이 끝난 후 다음달 25일을 "예정부과기한"이라 한다. ◐※

119. 정답 ◐
간이과세자는 1월 1일부터 6월 30일을 "예정부과기간"이라 하고, 예정부과기간이 끝난 후 다음달 25일을 "예정부과기한"이라 한다.

120 간이과세자는 과세기간의 과세표준과 납부세액을 그 과세기간이 끝난 후 25일(폐업하는 경우 폐업일이 속한 달의 다음 달 25일) 이내에 대통령령으로 정하는 바에 따라 납세지 관할 세무서장에게 확정신고를 하고, 신고를 받은 납세지 관할 세무서장은 납부고지서를 발급하여 징수하여야 한다. ◐※

120. 정답 ※
간이과세자는 과세기간의 과세표준과 납부세액을 그 과세기간이 끝난 후 25일(폐업하는 경우 폐업일이 속한 달의 다음 달 25일) 이내에 대통령령으로 정하는 바에 따라 납세지 관할 세무서장에게 확정신고를 하고 납세지 관할 세무서장 또는 한국은행등에 납부하여야 한다.

CHAPTER 3 소득세법

01 총칙 (1)

001 "거주자"란 국내에 주소를 둔 개인을 말한다. ○ ✕

001. 정답 ✕
"거주자"란 국내에 주소를 두거나 183일 이상의 거소(居所)를 둔 개인을 말한다.

002 국내에 거주하는 개인이 계속하여 1년 이상 국내에 거주할 것을 통상 필요로 하는 직업을 가진 때에는 국내에 주소를 가진 것으로 본다. ○ ✕

002. 정답 ✕
국내에 거주하는 개인이 계속하여 183일 이상 국내에 거주할 것을 통상 필요로 하는 직업을 가진 때에는 국내에 주소를 가진 것으로 본다.

003 외국을 항행하는 선박 또는 항공기의 승무원의 경우 국내에 주소를 가진 것으로 본다. ○ ✕

003. 정답 ✕
외국을 항행하는 선박 또는 항공기의 승무원의 경우 그 승무원과 생계를 같이하는 가족이 거주하는 장소 또는 그 승무원이 근무기간외의 기간중 통상 체재하는 장소가 국내에 있는 때에는 당해 승무원의 주소는 국내에 있는 것으로 보고, 그 장소가 국외에 있는 때에는 당해 승무원의 주소가 국외에 있는 것으로 본다.

004 법인으로 보는 단체 외의 법인 아닌 단체는 국내에 주사무소 또는 사업의 실질적 관리장소를 둔 경우에는 1거주자로, 그 밖의 경우에는 1비거주자로 본다. ○ ✕

004. 정답 ○
법인으로 보는 단체 외의 법인 아닌 단체는 국내에 주사무소 또는 사업의 실질적 관리장소를 둔 경우에는 1거주자로, 그 밖의 경우에는 1비거주자로 본다.

005 법인아닌 단체의 전체 구성원 중 일부 구성원의 분배비율만 확인되거나 일부 구성원에게만 이익이 분배되는 것으로 확인되는 경우에는 해당 단체를 1거주자 또는 1비거주자로 보아 소득세에 대한 납세의무를 진다. ○ ✕

005. 정답 ✕
법인아닌 단체의 전체 구성원 중 일부 구성원의 분배비율만 확인되거나 일부 구성원에게만 이익이 분배되는 것으로 확인되는 경우에는 손익분배비율이 확인되는 부분에 대하여는 해당 구성원별로 소득세 또는 법인세에 대한 납세의무를 부담하고, 손익분배비율이 확인되지 아니하는 부분에 대하여는 해당 단체를 1거주자 또는 1비거주자로 보아 소득세에 대한 납세의무를 진다.

006 거주자에게는 소득세법에서 규정하는 모든 소득에 대해서 과세한다. 다만, 해당 과세기간 종료일 10년 전부터 국내에 주소나 거소를 둔 기간의 합계가 3년 이하인 외국인 거주자에게는 과세대상 소득 중 국외에서 발생한 소득의 경우 국내에서 지급되거나 국내로 송금된 소득에 대해서만 과세한다. O X

006. 정답 X
거주자에게는 소득세법에서 규정하는 모든 소득에 대해서 과세한다. 다만, 해당 과세기간 종료일 10년 전부터 국내에 주소나 거소를 둔 기간의 합계가 5년 이하인 외국인 거주자에게는 과세대상 소득 중 국외에서 발생한 소득의 경우 국내에서 지급되거나 국내로 송금된 소득에 대해서만 과세한다.

007 비거주자에게는 국외원천소득에 대해서만 과세한다. O X

007. 정답 X
비거주자에게는 국내원천소득에 대해서만 과세한다.

008 거주자의 소득세 납세지는 그 주소지로 하고 비거주자의 소득세 납세지는 체류지의 소재지로 한다. O X

008. 정답 X
거주자의 소득세 납세지는 그 주소지로 하되, 주소지가 없는 경우에는 그 거소지로 한다. 비거주자의 소득세 납세지는 국내사업장의 소재지로 한다. 다만, 국내사업장이 둘 이상 있는 경우에는 주된 국내사업장의 소재지로 하고, 국내사업장이 없는 경우에는 국내원천소득이 발생하는 장소로 한다.

009 국세청장 또는 관할 지방국세청장은 종합소득이 있는 거주자가 사업장 소재지를 납세지로 신청한 경우에는 해당 사업장 소재지를 소득세 납세지로 따로 지정할 수 있다. O X

009. 정답 X
국세청장 또는 관할 지방국세청장은 사업소득이 있는 거주자가 사업장 소재지를 납세지로 신청한 경우에는 해당 사업장 소재지를 소득세 납세지로 따로 지정할 수 있다.

010 거주자가 주소 또는 거소를 국외로 이전하여 비거주자가 되는 경우의 과세기간은 1월 1일부터 출국한 날의 전날까지로 한다. O X

010. 정답 X
거주자가 주소 또는 거소를 국외로 이전하여 비거주자가 되는 경우의 과세기간은 1월 1일부터 출국한 날까지로 한다.

02 총칙 (2)

011 소득세법상 공동사업에 관한 소득금액을 계산하는 경우에는 주된 공동사업자와 특수관계인은 연대하여 납세의무를 지는 것이 원칙이다. O X

011. 정답 X
소득세법상 공동사업에 관한 소득금액을 계산하는 경우에는 해당 공동사업자별로 납세의무를 진다. 다만, 주된 공동사업자에게 합산과세되는 경우 그 합산과세되는 소득금액에 대해서는 주된 공동사업자의 특수관계인은 손익분배비율에 해당하는 그의 소득금액을 한도로 주된 공동사업자와 연대하여 납세의무를 진다.

012 피상속인의 소득금액에 대해서 과세하는 경우에는 그 상속인이 납세의무를 진다. 피상속인의 소득금액에 대한 소득세로서 상속인에게 과세할 것과 상속인의 소득금액에 대한 소득세는 합산하여 계산하여야 한다. O X

012. 정답 X
피상속인의 소득금액에 대해서 과세하는 경우에는 그 상속인이 납세의무를 진다. 피상속인의 소득금액에 대한 소득세로서 상속인에게 과세할 것과 상속인의 소득금액에 대한 소득세는 구분하여 계산하여야 한다.

013 원천징수되는 소득으로서 종합소득과세표준에 합산되지 아니하는 소득이 있는 자는 그 원천징수되는 소득세에 대해서 납세의무를 지지 아니한다. O X

013. 정답 X
원천징수되는 소득으로서 종합소득과세표준에 합산되지 아니하는 소득이 있는 자는 그 원천징수되는 소득세에 대해서 납세의무를 진다.

014 신탁재산에 귀속되는 소득은 그 신탁의 이익을 받을 수익자(수익자가 사망하는 경우에는 그 상속인)에게 귀속되는 것으로 본다. 단, 수익자가 특별히 정하여지지 아니하거나 존재하지 아니하는 신탁 또는 위탁자가 신탁재산을 실질적으로 통제하는 등 대통령령으로 정하는 요건을 충족하는 신탁의 경우에는 그 신탁재산에 귀속되는 소득은 위탁자에게 귀속되는 것으로 본다. O X

014. 정답 O
신탁재산에 귀속되는 소득은 그 신탁의 이익을 받을 수익자(수익자가 사망하는 경우에는 그 상속인)에게 귀속되는 것으로 본다. 단, 수익자가 특별히 정하여지지 아니하거나 존재하지 아니하는 신탁 또는 위탁자가 신탁재산을 실질적으로 통제하는 등 대통령령으로 정하는 요건을 충족하는 신탁의 경우에는 그 신탁재산에 귀속되는 소득은 위탁자에게 귀속되는 것으로 본다.

015 거주자나 비거주자는 납세지가 변경된 경우 변경된 날부터 20일 이내에 대통령령으로 정하는 바에 따라 그 변경 후의 납세지 관할 세무서장에게 신고하여야 한다. ⭕❌

015. 정답 ❌
거주자나 비거주자는 납세지가 변경된 경우 변경된 날부터 15일 이내에 대통령령으로 정하는 바에 따라 그 변경 후의 납세지 관할 세무서장에게 신고하여야 한다.

016 국외에 거주 또는 근무하는 자가 외국국적을 가졌거나 외국법령에 의하여 그 외국의 영주권을 얻은 자로서 국내에 생계를 같이하는 가족이 없고 그 직업 및 자산상태에 비추어 다시 입국하여 주로 국내에 거주하리라고 인정되지 아니하는 때에는 국내에 주소가 있는 것으로 본다. ⭕❌

016. 정답 ❌
국외에 거주 또는 근무하는 자가 외국국적을 가졌거나 외국법령에 의하여 그 외국의 영주권을 얻은 자로서 국내에 생계를 같이하는 가족이 없고 그 직업 및 자산상태에 비추어 다시 입국하여 주로 국내에 거주하리라고 인정되지 아니하는 때에는 국내에 주소가 없는 것으로 본다.

017 거주자나 내국법인의 국외사업장 또는 해외현지법인(내국법인이 발행주식총수 또는 출자지분의 100분의 50을 초과하여 직접 또는 간접 출자한 경우에 한정함) 등에 파견된 임원 또는 직원이나 국외에서 근무하는 공무원은 거주자로 본다. ⭕❌

017. 정답 ❌
거주자나 내국법인의 국외사업장 또는 해외현지법인(내국법인이 발행주식총수 또는 출자지분의 100분의 100을 직접 또는 간접 출자한 경우에 한정함) 등에 파견된 임원 또는 직원이나 국외에서 근무하는 공무원은 거주자로 본다.

018 국내에 거소를 둔 기간이 2과세기간 동안 183일 이상인 경우에는 국내에 183일 이상 거소를 둔 것으로 본다. ⭕❌

018. 정답 ❌
국내에 거소를 둔 기간이 1과세기간 동안 183일 이상인 경우에는 국내에 183일 이상 거소를 둔 것으로 본다.

019 거주자의 주소지가 2이상인 때에는 생활관계가 보다 밀접한 곳을 납세지로 한다. ⭕❌

019. 정답 ❌
거주자의 주소지가 2이상인 때에는 「주민등록법」에 의하여 등록된 곳을 납세지로 하고, 거소지가 2이상인 때에는 생활관계가 보다 밀접한 곳을 납세지로 한다.

020 주소는 국내에서 생계를 같이 하는 가족 및 국내에 소재하는 자산의 유무 등 생활관계의 객관적 사실에 따라 판정하고, 거소는 주소지 외의 장소 중 상당기간에 걸쳐 거주하는 장소로서 주소와 같이 밀접한 일반적 생활관계가 형성되지 아니한 장소로 한다. ⭕❌

020. 정답 ⭕
주소는 국내에서 생계를 같이 하는 가족 및 국내에 소재하는 자산의 유무 등 생활관계의 객관적 사실에 따라 판정하고, 거소는 주소지 외의 장소 중 상당기간에 걸쳐 거주하는 장소로서 주소와 같이 밀접한 일반적 생활관계가 형성되지 아니한 장소로 한다.

03 이자소득 및 배당소득 (1)

021 「상호저축은행법」에 따른 신용계(信用契) 또는 신용부금으로 인한 이익 및 법인으로 보는 단체로부터 받는 배당금 또는 분배금은 이자소득으로 과세한다. O X

021. 정답 X
「상호저축은행법」에 따른 신용계(信用契) 또는 신용부금으로 인한 이익은 이자소득이고, 법인으로 보는 단체로부터 받는 배당금 또는 분배금은 배당소득으로 과세한다.

022 저축성보험의 보험차액은 이자소득으로 과세한다. 단, 최초로 보험료를 납입한 날부터 만기일 또는 중도해지일까지의 기간이 10년 이상으로서 계약자 1명당 납입할 보험료 합계액이 3억원 이하인 저축성 보험의 보험차익 등은 소득세를 과세하지 않는다. O X

022. 정답 X
저축성보험의 보험차액은 이자소득으로 과세한다. 단, 최초로 보험료를 납입한 날부터 만기일 또는 중도해지일까지의 기간이 10년 이상으로서 계약자 1명당 납입할 보험료 합계액이 1억원 이하인 저축성 보험의 보험차익 등은 소득세를 과세하지 않는다.

023 금전의 대여를 사업목적으로 하지 아니하는 자가 일시적·우발적으로 금전을 대여함에 따라 지급받는 이자 또는 수수료는 미열거소득이므로 소득세를 과세하지 아니한다. O X

023. 정답 X
대부업을 영위하는 자가 계속적으로 받는 이자는 사업소득으로 과세하고, 비영업대금이익은 이자소득으로 과세한다.(비영업대금(非營業貸金)의 이익은 금전의 대여를 사업목적으로 하지 아니하는 자가 일시적·우발적으로 금전을 대여함에 따라 지급받는 이자 또는 수수료를 말한다.)

024 이자소득금액은 해당 과세기간의 총수입금액으로 한다. O X

024. 정답 O
이자소득금액은 해당 과세기간의 총수입금액으로 한다.

025 채권 또는 증권의 환매조건부 매매차익(금융기관등이 환매기간에 따른 사전약정이율을 적용하여 환매수 또는 환매도하는 조건으로 매매하는 채권 또는 증권의 매매차익)은 이자소득으로 과세한다. O X

025. 정답 O
채권 또는 증권의 환매조건부 매매차익(금융기관등이 환매기간에 따른 사전약정이율을 적용하여 환매수 또는 환매도하는 조건으로 매매하는 채권 또는 증권의 매매차익)은 이자소득으로 과세한다.

026 거주자가 일정기간 후에 같은 종류로서 같은 양의 채권을 반환받는 조건으로 채권을 대여하고 해당 채권의 차입자로부터 지급받는 해당 채권에서 발생하는 이자에 상당하는 금액은 배당소득에 포함된다. ○ ✗

026. 정답 ✗
거주자가 일정기간 후에 같은 종류로서 같은 양의 채권을 반환받는 조건으로 채권을 대여하고 해당 채권의 차입자로부터 지급받는 해당 채권에서 발생하는 이자에 상당하는 금액은 과세대상 이자소득에 포함된다.

027 무기명주식의 이익이나 배당 및 잉여금의 처분에 의한 배당은 당해 법인의 잉여금 처분결의일을 수입시기로 한다. ○ ✗

027. 정답 ✗
무기명주식의 이익이나 배당은 그 지급을 받은 날을 수입시기로 하고, 잉여금의 처분에 의한 배당은 당해 법인의 잉여금 처분결의일을 수입시기로 한다.

028 채권 또는 증권의 환매조건부 매매차익은 약정에 의한 당해 채권 또는 증권의 환매수일 또는 환매도일을 수입시기로 한다.(기일전에 환매수 또는 환매도하는 경우 포함) ○ ✗

028. 정답 ✗
채권 또는 증권의 환매조건부 매매차익은 약정에 의한 당해 채권 또는 증권의 환매수일 또는 환매도일을 수입시기로 한다. 다만, 기일전에 환매수 또는 환매도하는 경우에는 그 환매수일 또는 환매도일을 수입시기로 한다.

029 출자공동사업자의 배당은 손익분배를 받은 날을 수입시기로 한다. ○ ✗

029. 정답 ✗
출자공동사업자의 배당은 과세기간 종료일을 수입시기로 한다.

030 직장공제회 초과반환금이란 근로자가 퇴직하거나 탈퇴하여 그 규약에 따라 직장공제회로부터 받는 반환금에서 납입공제료를 뺀 금액과 반환금을 분할하여 지급하는 경우 그 지급하는 기간 동안 추가로 발생하는 이익으로 하며, 직장공제회 초과반환금은 무조건 종합과세 대상 이자소득이다. ○ ✗

030. 정답 ✗
직장공제회 초과반환금이란 근로자가 퇴직하거나 탈퇴하여 그 규약에 따라 직장공제회로부터 받는 반환금에서 납입공제료를 뺀 금액과 반환금을 분할하여 지급하는 경우 그 지급하는 기간 동안 추가로 발생하는 이익으로 하며, 직장공제회 초과반환금은 무조건 분리과세 대상 이자소득이다.

04 이자소득 및 배당소득 (2)

031 외상매입금이나 미지급금을 약정기일 전에 지급함으로써 받는 할인액, 외상매출금이나 미수금의 지급기일을 연장하여 주고 추가로 지급받는 금액은 이자소득으로 과세한다. O X

031. 정답 X
외상매입금이나 미지급금을 약정기일 전에 지급함으로써 받는 할인액, 외상매출금이나 미수금의 지급기일을 연장하여 주고 추가로 지급받는 금액은 이자소득으로 과세하지 않고 사업소득금액 계산 시 반영한다. 이 경우 그 외상매출금이나 미수금이 소비대차로 전환된 경우에는 이자소득으로 한다.

032 법원의 판결 및 화해에 의하여 지급받는 손해배상금에 대한 법정이자는 이자소득으로 보지 아니한다. 다만, 위약 또는 해약을 원인으로 법원의 판결에 의하여 지급받는 손해배상금에 대한 법정이자는 이자소득으로 본다. O X

032. 정답 X
법원의 판결 및 화해에 의하여 지급받는 손해배상금에 대한 법정이자는 이자소득으로 보지 아니한다. 다만, 위약 또는 해약을 원인으로 법원의 판결에 의하여 지급받는 손해배상금에 대한 법정이자는 기타소득으로 본다.

033 비영업대금의 이익의 수입시기는 그 이자지급일로 한다. O X

033. 정답 X
비영업대금의 이익의 수입시기는 약정에 의한 이자지급일이며 다만, 이자지급일의 약정이 없거나 약정에 의한 이자지급일전에 이자를 지급받는 경우 또는 총수입금액 계산에서 제외하였던 이자를 지급받는 경우에는 그 이자지급일로 한다.

034 배당소득과 유사한 소득으로 수익분배의 성격이 있는 것은 그 지급을 받기로 약정한 날을 수입시기로 한다. O X

034. 정답 X
배당소득과 유사한 소득으로 수익분배의 성격이 있는 것은 그 지급을 받은 날을 수입시기로 한다.

035 출자공동사업자의 손익분배금 및 비영업대금이익에 대한 원천징수세율은 14%이다. O X

035. 정답 X
출자공동사업자의 손익분배금 및 비영업대금이익에 대한 원천징수세율은 25%이다.

036 국내에서 법인세가 과세된 잉여금을 재원으로 하는 배당소득이 종합과세 되는 경우에는 배당가산(Gross-up)한 금액을 배당소득금액으로 한다. ◯✗

036. 정답 ◯
국내에서 법인세가 과세된 잉여금을 재원으로 하는 배당소득이 종합과세 되는 경우에는 배당가산(Gross-up)한 금액을 배당소득금액으로 한다.

037 출자공동사업자의 손익분배금은 조건부 종합과세 대상 배당소득이다. ◯✗

037. 정답 ✗
출자공동사업자의 손익분배금은 무조건 종합과세 대상 배당소득이다.

038 실지명의가 확인되지 아니하는 금융소득에 대해서는 100분의 45의 원천징수세율을 적용하여 원천징수하고, 무조건 종합과세한다. 다만, 「금융실명거래 및 비밀보장에 관한 법률」 제5조가 적용되는 경우에는 같은 조에서 정한 세율로 원천징수한다. ◯✗

038. 정답 ✗
실지명의가 확인되지 아니하는 금융소득에 대해서는 100분의 42의 원천징수세율을 적용하여 원천징수하고, 무조건 분리과세한다. 다만, 「금융실명거래 및 비밀보장에 관한 법률」 제5조가 적용되는 경우에는 같은 조에서 정한 세율(90%)로 원천징수한다.

039 법인으로 보는 단체 외의 단체 중 수익을 구성원에게 배분하지 아니하는 단체로서 단체명을 표기하여 금융거래를 하는 단체가 금융회사등으로부터 받는 이자소득 및 배당소득은 무조건 종합과세 대상 금융소득이다. ◯✗

039. 정답 ✗
법인으로 보는 단체 외의 단체 중 수익을 구성원에게 배분하지 아니하는 단체로서 단체명을 표기하여 금융거래를 하는 단체가 금융회사등으로부터 받는 이자소득 및 배당소득은 무조건 분리과세 대상 금융소득이다.

040 배당소득금액 계산 시 배당가산율은 14%이다. ◯✗

040. 정답 ✗
배당소득금액 계산 시 배당가산율은 11%이다.

05 사업소득

041 「공익사업을 위한 토지 등의 취득 및 보상에 관한 법률」 제4조에 따른 공익사업과 관련하여 지역권·지상권(지하 또는 공중에 설정된 권리를 포함한다)을 설정하거나 대여함으로써 발생하는 소득은 사업소득으로 과세한다. O X

041. 정답 X
부동산업에서 발생하는 소득은 사업소득으로 과세한다. 다만, 「공익사업을 위한 토지 등의 취득 및 보상에 관한 법률」 제4조에 따른 공익사업과 관련하여 지역권·지상권(지하 또는 공중에 설정된 권리를 포함한다)을 설정하거나 대여함으로써 발생하는 소득은 기타소득으로 과세한다.

042 가구내 고용활동에서 발생하는 소득은 근로소득이다. O X

042. 정답 X
가구내 고용활동에서 발생하는 소득은 사업소득이다.

043 복식부기의무자가 차량 및 운반구 등 사업용 유형자산(토지, 건물, 부동산에 관한 권리 포함)을 양도함으로써 발생하는 소득은 사업소득으로 과세한다. O X

043. 정답 X
복식부기의무자가 차량 및 운반구 등 사업용 유형자산(토지, 건물, 부동산에 관한 권리 제외)을 양도함으로써 발생하는 소득은 사업소득으로 과세한다.

044 사업소득금액은 해당 과세기간의 총수입금액에서 이에 사용된 필요경비를 공제한 금액으로 하며, 필요경비가 총수입금액을 초과하는 경우 그 초과하는 금액을 "결손금"이라 한다. O X

044. 정답 O
사업소득금액은 해당 과세기간의 총수입금액에서 이에 사용된 필요경비를 공제한 금액으로 하며, 필요경비가 총수입금액을 초과하는 경우 그 초과하는 금액을 "결손금"이라 한다.

045 1개의 주택을 소유하는 자의 주택임대소득(기준시가가 9억원을 초과하는 주택 및 국외에 소재하는 주택의 임대소득은 제외)은 비과세소득이다. O X

045. 정답 X
1개의 주택을 소유하는 자의 주택임대소득(기준시가가 12억원을 초과하는 주택 및 국외에 소재하는 주택의 임대소득은 제외)은 비과세소득이다.

046 농어민이 부업으로 경영하는 농어촌민박사업은 소득금액 합계액이 연간 3천만원 이하인 경우 과세 대상 사업소득이다. O X

046. 정답 X
농어민이 부업으로 경영하는 농어촌민박사업은 소득금액 합계액이 연간 3천만원 이하인 경우 비과세 대상이다.

047 조림기간 5년 이상인 임지(林地)의 임목(林木)의 벌채 또는 양도로 발생하는 소득으로서 연간 소득금액 2,000만원 이하의 금액은 비과세 사업소득이다. O X

047. 정답 X
조림기간 5년 이상인 임지(林地)의 임목(林木)의 벌채 또는 양도로 발생하는 소득으로서 연간 소득금액 600만원 이하의 금액은 비과세 사업소득이다.

048 간편장부대상자인 보험모집인이 받는 해당 사업소득은 연말정산 대상 사업소득이다. O X

048. 정답 O
간편장부대상자인 보험모집인이 받는 해당 사업소득은 연말정산 대상 사업소득이다.

049 곡물 및 기타 식량작물 재배업·임업 및 어업에서 발생하는 소득은 비과세 사업소득이다. O X

049. 정답 X
농업(작물재배업 중 곡물 및 기타 식량작물 재배업은 제외)·임업 및 어업에서 발생하는 소득은 과세 대상 사업소득이다.

050 논·밭을 작물 생산에 이용하게 함으로써 발생하는 소득은 연 1,200만원 이하인 경우에 한하여 비과세한다. O X

050. 정답 X
논·밭을 작물 생산에 이용하게 함으로써 발생하는 소득은 비과세 사업소득이다.(금액에 대한 제한 없음)

06 근로소득

051 기밀비(판공비를 포함)·교제비 기타 이와 유사한 명목으로 받는 것으로서 업무를 위하여 사용된 것이 분명하지 아니한 급여는 과세 대상 근로소득이고 종업원이 받는 공로금·위로금·개업축하금·학자금·장학금(종업원의 수학중인 자녀가 사용자로부터 받는 학자금·장학금을 포함) 기타 이와 유사한 성질의 급여는 비과세 대상 근로소득이다. O X

051. 정답 X
기밀비(판공비를 포함)·교제비 기타 이와 유사한 명목으로 받는 것으로서 업무를 위하여 사용된 것이 분명하지 아니한 급여 및 종업원이 받는 공로금·위로금·개업축하금·학자금·장학금(종업원의 수학중인 자녀가 사용자로부터 받는 학자금·장학금을 포함) 기타 이와 유사한 성질의 급여는 과세 대상 근로소득이다.

052 공무원이 국가 또는 지방자치단체로부터 공무 수행과 관련하여 받는 상금과 부상 중 연 300만원 이내의 금액은 비과세 근로소득이다. O X

052. 정답 X
공무원이 국가 또는 지방자치단체로부터 공무 수행과 관련하여 받는 상금과 부상 중 연 240만원 이내의 금액은 비과세 근로소득이다.

053 주주 또는 출자자가 아닌 임원, 발행주식총수 또는 출자총액의 100분의 1 이하의 주식등을 소유한 소액주주인 임원, 임원이 아닌 종업원(비영리법인 또는 개인의 종업원을 포함) 및 국가 또는 지방자치단체로부터 근로소득을 지급받는 사람이 사택을 제공받음으로써 얻는 이익은 비과세 근로소득이다. O X

053. 정답 X
주주 또는 출자자가 아닌 임원, 발행주식총수 또는 출자총액의 100분의 1에 미달하는 주식등을 소유한 소액주주인 임원, 임원이 아닌 종업원(비영리법인 또는 개인의 종업원을 포함) 및 국가 또는 지방자치단체로부터 근로소득을 지급받는 사람이 사택을 제공받음으로써 얻는 이익은 비과세 근로소득이다.

054 중소기업의 종업원이 주택(주택에 부수된 토지를 포함)의 구입·임차에 소요되는 자금을 저리 또는 무상으로 대여 받음으로써 얻는 이익은 연간 240만원 한도 내에서 비과세한다. O X

054. 정답 X
중소기업의 종업원이 주택(주택에 부수된 토지를 포함)의 구입·임차에 소요되는 자금을 저리 또는 무상으로 대여 받음으로써 얻는 이익은 비과세 근로소득이다.

055 근로소득금액 계산 시 근로소득 공제액이 연간 900만원을 초과하는 경우에는 2천만원을 공제한다. ◯ ☒

055. 정답 ☒
근로소득금액 계산 시 근로소득 공제액이 연간 2천만원을 초과하는 경우에는 2천만원을 공제한다.

056 일용근로자에 대한 근로소득공제액은 1일 10만원으로 한다. ◯ ☒

056. 정답 ☒
일용근로자에 대한 근로소득공제액은 1일 15만원으로 한다.

057 근로소득에 대한 원천징수의무자는 해당 과세기간의 다음 연도 1월분의 근로소득 또는 퇴직자의 퇴직하는 달의 근로소득을 지급할 때에는 연말정산을 하여야 한다. ◯ ☒

057. 정답 ☒
근로소득에 대한 원천징수의무자는 해당 과세기간의 다음 연도 2월분의 근로소득 또는 퇴직자의 퇴직하는 달의 근로소득을 지급할 때에는 연말정산을 하여야 한다.

058 근로자가 식사 기타 음식물을 제공받지 않는 경우 지급받는 식사대는 월 10만원 이하의 금액에 대하여 비과세하고 10만원 초과분은 근로소득으로 과세한다. ◯ ☒

058. 정답 ☒
근로자가 사내급식이나 이와 유사한 방법으로 제공받는 식사 기타 음식물 또는 근로자(식사 기타 음식물을 제공받지 아니하는 자에 한정)가 받는 월 20만원 이하의 식사대는 비과세 근로소득이다.

059 근로소득만 있는 자는 종합소득 과세표준 확정신고를 하지 아니할 수 있다. ◯ ☒

059. 정답 ◯
근로소득만 있는 자는 종합소득 과세표준 확정신고를 하지 아니할 수 있다.

060 퇴직함으로써 받는 소득으로서 퇴직소득에 속하지 아니하는 소득은 미열거소득이다. ◯ ☒

060. 정답 ☒
퇴직함으로써 받는 소득으로서 퇴직소득에 속하지 아니하는 소득은 근로소득으로 과세한다.

07 연금소득 및 기타소득

061 공적연금소득은 2001년 1월 1일 이후에 납입된 연금 기여금 및 사용자 부담금(국가 또는 지방자치단체의 부담금을 포함)을 기초로 하거나 2001년 1월 1일 이후 근로의 제공을 기초로 하여 받는 연금소득으로 한다. ◯☒

061. 정답 ☒
공적연금소득은 2002년 1월 1일 이후에 납입된 연금 기여금 및 사용자 부담금(국가 또는 지방자치단체의 부담금을 포함)을 기초로 하거나 2002년 1월 1일 이후 근로의 제공을 기초로 하여 받는 연금소득으로 한다.

062 연금소득금액은 공적연금소득과 사적연금소득의 금액의 합계액에서 연금소득공제를 적용한 금액으로 한다. 단, 연금소득공제액이 2천만원을 초과하는 경우에는 2천만원을 공제한다. ◯☒

062. 정답 ☒
연금소득금액은 공적연금소득과 사적연금소득의 금액의 합계액(비과세소득의 금액은 제외하며, 이하 "총연금액"이라 한다)에서 연금소득공제를 적용한 금액으로 한다. 단, 연금소득공제액이 900만원을 초과하는 경우에는 900만원을 공제한다.

063 종교관련종사자가 종교단체로부터 받은 종교인소득은 원칙적으로 근로소득으로 과세하되, 기타소득으로 원천징수한 경우에는 기타소득으로 과세한다. ◯☒

063. 정답 ☒
종교관련종사자가 종교의식을 집행하는 등 종교관련종사자로서의 활동과 관련하여 대통령령으로 정하는 종교단체로부터 받은 소득(=종교인소득)은 원칙적으로 기타소득으로 과세한다. 단, 종교인소득에 대하여 근로소득으로 원천징수하거나 과세표준확정신고를 한 경우에는 해당 소득을 근로소득으로 본다.

064 저작자 또는 실연자(實演者)·음반제작자·방송사업자 외의 자가 저작권 또는 저작인접권의 양도 또는 사용의 대가로 받는 금품은 사업소득이다. ◯☒

064. 정답 ☒
저작자 또는 실연자(實演者)·음반제작자·방송사업자 외의 자가 저작권 또는 저작인접권의 양도 또는 사용의 대가로 받는 금품은 기타소득이다. 저작자 등이 받는 것은 사업소득이다.

065 광업권·어업권·양식업권·산업재산권·산업정보, 산업상비밀, 상표권·영업권(대통령령으로 정하는 점포 임차권을 포함), 토사석(土砂石)의 채취허가에 따른 권리, 지하수의 개발·이용권, 그 밖에 이와 유사한 자산이나 권리를 대여하고 그 대가로 받는 금품은 기타소득이고, 이를 양도하고 받는 금품은 양도소득이다. ◯☒

065. 정답 ☒
광업권·어업권·양식업권·산업재산권·산업정보, 산업상 비밀, 상표권·영업권(대통령령으로 정하는 점포 임차권을 포함), 토사석(土砂石)의 채취허가에 따른 권리, 지하수의 개발·이용권, 그 밖에 이와 유사한 자산이나 권리를 양도하거나 대여하고 그 대가로 받는 금품은 기타소득이다.

066 「전자상거래 등에서의 소비자보호에 관한 법률」에 따라 통신판매중개를 하는 자를 통하여 물품 또는 장소를 대여하고 연간 수입금액 1,000만원 이하의 사용료로서 받은 금품은 기타소득으로 과세한다. ⭕❌

066. 정답 ❌
「전자상거래 등에서의 소비자보호에 관한 법률」에 따라 통신판매중개를 하는 자를 통하여 물품 또는 장소를 대여하고 연간 수입금액 500만원 이하의 사용료로서 받은 금품은 기타소득으로 과세한다.

067 주택입주 지체상금은 거주자가 받은 금액의 100분의 60에 상당하는 금액을 필요경비로 한다. 다만, 실제 소요된 필요경비가 100분의 60에 상당하는 금액을 초과하면 그 초과하는 금액도 필요경비에 산입한다. ⭕❌

067. 정답 ❌
주택입주 지체상금은 거주자가 받은 금액의 100분의 80에 상당하는 금액을 필요경비로 한다. 다만, 실제 소요된 필요경비가 100분의 80에 상당하는 금액을 초과하면 그 초과하는 금액도 필요경비에 산입한다.

068 서화(書畵)·골동품의 양도로 발생하는 소득(사업장을 갖추는 등 대통령령으로 정하는 경우에 발생하는 소득은 제외)이 1억원을 초과하는 경우에는 9천만원과 거주자가 받은 금액에서 1억원을 뺀 금액의 100분의 80(서화·골동품의 보유기간이 10년 이상인 경우에는 100분의 90)을 필요경비로 공제한다. 단, 실제 소요된 필요경비가 이 금액을 초과하면 그 초과하는 금액도 필요경비에 산입한다. ⭕❌

068. 정답 ⭕
서화(書畵)·골동품의 양도로 발생하는 소득(사업장을 갖추는 등 대통령령으로 정하는 경우에 발생하는 소득은 제외)이 1억원을 초과하는 경우에는 9천만원과 거주자가 받은 금액에서 1억원을 뺀 금액의 100분의 80(서화·골동품의 보유기간이 10년 이상인 경우에는 100분의 90)을 필요경비로 공제한다. 단, 실제 소요된 필요경비가 이 금액을 초과하면 그 초과하는 금액도 필요경비에 산입한다.

069 종교관련종사자가 받은 금액으로서 기타소득이 2천만원 이하인 경우에는 종교관련종사자가 받은 금액의 100분의 70을 필요경비로 공제한다. 다만, 실제 소요된 필요경비가 해당 금액을 초과하면 그 초과하는 금액도 필요경비에 산입한다. ⭕❌

069. 정답 ❌
종교관련종사자가 받은 금액으로서 기타소득이 2천만원 이하인 경우에는 종교관련종사자가 받은 금액의 100분의 80을 필요경비로 공제한다. 다만, 실제 소요된 필요경비가 해당 금액을 초과하면 그 초과하는 금액도 필요경비에 산입한다.

070 일반적인 기타소득의 경우 기타소득 총수입금액이 건별로 5만원 이하인 경우에는 그 소득에 대한 소득세를 과세하지 아니한다. ⭕❌

070. 정답 ❌
일반적인 기타소득의 경우 기타소득금액(연금계좌에서 연금외수령한 기타소득금액은 제외)이 건별로 5만원 이하인 경우에는 그 소득에 대한 소득세를 과세하지 아니한다.(과세최저한)

08 종합소득금액 계산의 특례

071 납세지 관할 세무서장 또는 지방국세청장은 배당소득(잉여금 처분에 의한 배당소득과 출자공동사업자의 손익분배비율에 해당하는 배당소득만 해당함), 사업소득 또는 기타소득이 있는 거주자의 행위 또는 계산이 그 거주자와 특수관계인과의 거래로 인하여 그 소득에 대한 조세 부담을 부당하게 감소시킨 것으로 인정되는 경우에는 그 거주자의 행위 또는 계산과 관계없이 해당 과세기간의 소득금액을 계산할 수 있다. ◯☒

071. 정답 ☒
납세지 관할 세무서장 또는 지방국세청장은 배당소득(출자공동사업자의 손익분배비율에 해당하는 배당소득만 해당함), 사업소득 또는 기타소득 및 양도소득이 있는 거주자의 행위 또는 계산이 그 거주자와 특수관계인과의 거래로 인하여 그 소득에 대한 조세 부담을 부당하게 감소시킨 것으로 인정되는 경우에는 그 거주자의 행위 또는 계산과 관계없이 해당 과세기간의 소득금액을 계산할 수 있다.

072 결손금 및 이월결손금을 공제할 때 해당 과세기간에 결손금이 발생하고 이월결손금이 있는 경우에는 이월결손금을 먼저 소득금액에서 공제한다. ◯☒

072. 정답 ☒
결손금 및 이월결손금을 공제할 때 해당 과세기간에 결손금이 발생하고 이월결손금이 있는 경우에는 그 과세기간의 결손금을 먼저 소득금액에서 공제한다.

073 공동사업에서 발생한 소득금액은 해당 공동사업을 경영하는 각 거주자(출자공동사업자를 포함) 간에 지분비율(약정된 손익분배비율이 있는지 여부에 관계없음)에 의하여 분배되었거나 분배될 소득금액에 따라 각 공동사업자별로 분배한다. ◯☒

073. 정답 ☒
공동사업에서 발생한 소득금액은 해당 공동사업을 경영하는 각 거주자(출자공동사업자를 포함) 간에 약정된 손익분배비율(약정된 손익분배비율이 없는 경우에는 지분비율)에 의하여 분배되었거나 분배될 소득금액에 따라 각 공동사업자별로 분배한다.

074 거주자 1인과 그의 대통령령으로 정하는 특수관계인이 공동사업자에 포함되어 있는 경우로서 손익분배비율을 거짓으로 정하는 등 대통령령으로 정하는 사유가 있는 경우에는 그 특수관계인의 소득금액은 그 손익분배비율이 큰 공동사업자(손익분배비율이 같은 경우에는 주된 공동사업자)의 소득금액으로 본다. ◯☒

074. 정답 ◯
거주자 1인과 그의 대통령령으로 정하는 특수관계인이 공동사업자에 포함되어 있는 경우로서 손익분배비율을 거짓으로 정하는 등 대통령령으로 정하는 사유가 있는 경우에는 그 특수관계인의 소득금액은 그 손익분배비율이 큰 공동사업자(손익분배비율이 같은 경우에는 주된 공동사업자)의 소득금액으로 본다.

075 공동사업에 성명 또는 상호를 사용하게 한 자, 공동사업에서 발생한 채무에 대하여 무한책임을 부담하기로 약정한 자는 출자공동사업자이므로 해당 공동사업에서 생긴 소득은 배당소득으로 과세한다. ○ ✗

075. 정답 ✗
공동사업에 성명 또는 상호를 사용하게 한 자, 공동사업에서 발생한 채무에 대하여 무한책임을 부담하기로 약정한 자는 출자공동사업자가 아니므로 해당 공동사업에서 생긴 소득은 사업소득으로 과세한다.

076 종합소득금액 계산 시 부당행위계산 부인 적용에 있어 특수관계인에 해당하는지 여부는 거래 당시의 상황에 의한다. ○ ✗

076. 정답 ✗
종합소득금액 계산 시 부당행위계산 부인 적용에 있어 특수관계인에 해당하는지 여부는 해당 과세기간 종료일 현재의 상황에 의한다.

077 피상속인의 소득금액에 대한 소득세로서 상속인에게 과세할 것과 상속인의 소득금액에 대한 소득세는 구분하여 계산하여야 한다. 단, 연금계좌의 가입자가 사망하였으나 그 배우자가 연금외수령 없이 해당 연금계좌를 상속으로 승계하는 경우에는 상속인과 피상속인 모두에게 소득세를 과세하지 아니한다. ○ ✗

077. 정답 ✗
피상속인의 소득금액에 대한 소득세로서 상속인에게 과세할 것과 상속인의 소득금액에 대한 소득세는 구분하여 계산하여야 한다. 단, 연금계좌의 가입자가 사망하였으나 그 배우자가 연금외수령 없이 해당 연금계좌를 상속으로 승계하는 경우에는 해당 연금계좌에 있는 피상속인의 소득금액은 상속인의 소득금액으로 보아 소득세를 계산한다.

078 주거용 건물 임대업을 포함한 부동산임대업에서 발생한 결손금은 타소득에서 공제하지 않으므로 결손금 공제는 불가능하고, 이월결손금 공제는 부동산임대소득에서만 공제가능하다. ○ ✗

078. 정답 ✗
주거용 건물 임대업을 제외한 부동산임대업에서 발생한 결손금은 타소득에서 공제하지 않으므로 결손금 공제는 불가능하고, 이월결손금 공제는 부동산임대소득에서만 공제가능하다.

079 사업자가 비치·기록한 장부에 의하여 해당 과세기간의 사업소득금액을 계산할 때 발생한 결손금은 그 과세기간의 종합소득과세표준을 계산할 때 근로소득금액·연금소득금액·기타소득금액·배당소득금액·이자소득금액에서 순서대로 공제한다. ○ ✗

079. 정답 ✗
사업자가 비치·기록한 장부에 의하여 해당 과세기간의 사업소득금액을 계산할 때 발생한 결손금은 그 과세기간의 종합소득과세표준을 계산할 때 근로소득금액·연금소득금액·기타소득금액·이자소득금액·배당소득금액에서 순서대로 공제한다.

080 사업소득이 발생하는 사업을 공동으로 경영하고 그 손익을 분배하는 공동사업(출자공동사업자가 있는 공동사업을 포함)의 경우에는 해당 사업을 경영하는 장소를 1거주자로 보아 공동사업장별로 그 소득금액을 계산한다. ⭕❌

080. 정답 ⭕
사업소득이 발생하는 사업을 공동으로 경영하고 그 손익을 분배하는 공동사업(출자공동사업자가 있는 공동사업을 포함)의 경우에는 해당 사업을 경영하는 장소(="공동사업장")를 1거주자로 보아 공동사업장별로 그 소득금액을 계산한다.

09 종합소득공제 및 종합소득세액 공제

081 종합소득이 있는 거주자(자연인만 해당함)에 대해서는 기본공제 대상자 1명당 연 150만원을 곱하여 계산한 금액을 그 거주자의 해당 과세기간의 종합소득 과세표준에서 공제한다. ⭕❌

081. 정답 ❌
종합소득이 있는 거주자(자연인만 해당함)에 대해서는 기본공제 대상자 1명당 연 150만원을 곱하여 계산한 금액을 그 거주자의 해당 과세기간의 종합소득금액에서 공제한다.

082 거주자의 배우자로서 해당 과세기간의 소득금액이 없거나 해당 과세기간의 소득금액 합계액이 100만원 이하인 사람(근로소득만 있는 배우자로서 근로소득금액 500만원 이하인 자를 포함)은 기본공제 가능하다. ⭕❌

082. 정답 ❌
거주자의 배우자로서 해당 과세기간의 소득금액이 없거나 해당 과세기간의 소득금액 합계액이 100만원 이하인 사람(총급여액 500만원 이하의 근로소득만 있는 배우자를 포함)은 기본공제 가능하다.

083 기본공제대상자가 65세 이상인 사람(경로우대자)인 경우에는 1명당 연 100만원을 거주자의 종합소득금액에서 추가로 공제한다. ⭕❌

083. 정답 ❌
기본공제대상자가 70세 이상인 사람(경로우대자)인 경우에는 1명당 연 100만원을 거주자의 종합소득금액에서 추가로 공제한다.

084 사업소득이 있는 거주자(간편장부 대상자와 복식부기 의무자 포함)가 과세표준확정신고를 할 때 복식부기에 따라 기장하여 소득금액을 계산한 경우에는 해당 장부에 의하여 계산한 사업소득금액이 종합소득금액에서 차지하는 비율을 종합소득 산출세액에 곱하여 계산한 금액의 100분의 20에 해당하는 금액을 종합소득 산출세액에서 공제한다. 다만, 공제세액이 100만원을 초과하는 경우에는 100만원을 공제한다. ⭕❌

084. 정답 ❌
간편장부대상자가 과세표준확정신고를 할 때 복식부기에 따라 기장하여 소득금액을 계산한 경우에는 해당 장부에 의하여 계산한 사업소득금액이 종합소득금액에서 차지하는 비율을 종합소득 산출세액에 곱하여 계산한 금액의 100분의 20에 해당하는 금액을 종합소득 산출세액에서 공제한다. 다만, 공제세액이 100만원을 초과하는 경우에는 100만원을 공제한다.

085 사업자가 해당 과세기간에 천재지변이나 그 밖의 재해로 자산총액의 100분의 20 이하에 해당하는 자산을 상실한 경우에는 재해손실세액공제를 적용할 수 없다. ⭕❌

085. 정답 ❌
사업자가 해당 과세기간에 천재지변이나 그 밖의 재해로 자산총액의 100분의 20 이상에 해당하는 자산을 상실하여 납세가 곤란하다고 인정되는 경우에는 재해손실세액공제를 적용한다.

086 생계를 같이 하는 부양가족은 주민등록표의 동거가족으로서 해당 거주자의 주소 또는 거소에서 현실적으로 생계를 같이 하는 사람으로 한다. 다만, 직계비속·입양자의 경우에는 그러하지 아니하다. ⭕❌

086. 정답 ⭕
생계를 같이 하는 부양가족은 주민등록표의 동거가족으로서 해당 거주자의 주소 또는 거소에서 현실적으로 생계를 같이 하는 사람으로 한다. 다만, 직계비속·입양자의 경우에는 그러하지 아니하다.

087 공제대상 배우자, 공제대상 부양가족, 공제대상 장애인 또는 공제대상 경로우대자에 해당하는지 여부의 판정은 해당 과세기간의 과세기간 종료일 현재의 상황에 따른다. 다만, 과세기간 종료일 전에 사망한 사람 또는 장애가 치유된 사람에 대해서는 사망일 또는 치유일의 상황에 따른다. ⭕❌

087. 정답 ❌
공제대상 배우자, 공제대상 부양가족, 공제대상 장애인 또는 공제대상 경로우대자에 해당하는지 여부의 판정은 해당 과세기간의 과세기간 종료일 현재의 상황에 따른다. 다만, 과세기간 종료일 전에 사망한 사람 또는 장애가 치유된 사람에 대해서는 사망일 전날 또는 치유일 전날의 상황에 따른다.

088 기본공제 대상자 판단 시 적용대상 나이가 정해진 경우에는 해당 과세기간의 과세기간 중에 해당 나이에 해당되는 날이 있는 경우에 공제대상자로 보지 아니한다. ⭕❌

088. 정답 ❌
기본공제 대상자 판단 시 적용대상 나이가 정해진 경우에는 해당 과세기간의 과세기간 중에 해당 나이에 해당되는 날이 있는 경우에 공제대상자로 본다.

089 종합소득이 있는 거주자의 기본공제대상자에 해당하는 자녀(입양자 및 위탁아동을 포함)로서 7세 이상의 사람에 대해서는 자녀세액공제 금액을 종합소득산출세액에서 공제한다. 따라서 공제 대상 자녀의 나이가 7세, 9세인 경우에는 30만원을 세액공제한다. ⭕❌

089. 정답 ❌
종합소득이 있는 거주자의 기본공제대상자에 해당하는 자녀(입양자 및 위탁아동을 포함)로서 8세 이상의 사람에 대해서는 자녀세액공제 금액을 종합소득산출세액에서 공제한다. 따라서 7세인 자녀는 자녀세액공제 대상이 아니다.(7세와 9세 자녀가 있는 경우에는 9세 자녀에 대해서만 세액공제 되므로 15만원을 세액공제함)

090 근로소득세액공제 적용 시 총급여액이 3천 300만원 이하인 경우에는 70만원을 한도로 세액공제한다. ⭕❌

090. 정답 ❌
근로소득세액공제 적용 시 총급여액이 3천 300만원 이하인 경우에는 74만원을 한도로 세액공제한다.

10 퇴직소득 및 양도소득

091 공적연금 관련법에 따라 받는 일시금은 2001년 1월 1일 이후에 납입된 연금 기여금 및 사용자 부담금을 기초로 하거나 2001년 1월 1일 이후 근로의 제공을 기초로 하여 받은 경우 퇴직소득으로 과세한다. ⓞ ⓧ

> **091.** 정답 ⓧ
> 공적연금 관련법에 따라 받는 일시금은 2002년 1월 1일 이후에 납입된 연금 기여금 및 사용자 부담금을 기초로 하거나 2002년 1월 1일 이후 근로의 제공을 기초로 하여 받은 경우 퇴직소득으로 과세한다.

092 퇴직소득금액은 퇴직소득의 금액의 합계액(비과세소득의 금액은 제외)으로 한다. 다만, 임원의 퇴직소득금액(공적연금 관련법에 따른 일시금은 제외하며, 2011년 12월 31일에 퇴직하였다고 가정할 때 지급받을 대통령령으로 정하는 퇴직소득금액이 있는 경우에는 그 금액을 뺀 금액을 말함)이 임원퇴직금 한도를 초과하는 경우에는 그 초과하는 금액은 과세하지 않는다. ⓞ ⓧ

> **092.** 정답 ⓧ
> 퇴직소득금액은 퇴직소득의 금액의 합계액(비과세소득의 금액은 제외)으로 한다. 다만, 임원의 퇴직소득금액(공적연금 관련법에 따른 일시금은 제외하며, 2011년 12월 31일에 퇴직하였다고 가정할 때 지급받을 대통령령으로 정하는 퇴직소득금액이 있는 경우에는 그 금액을 뺀 금액을 말함)이 임원퇴직금 한도를 초과하는 경우에는 그 초과하는 금액은 근로소득으로 본다.

093 거주자의 퇴직소득에 대한 소득세는 해당 과세기간의 퇴직소득과세표준에 기본세율을 적용하여 계산한 금액을 산출세액으로 한다. ⓞ ⓧ

> **093.** 정답 ⓧ
> 거주자의 퇴직소득에 대한 소득세는 해당 과세기간의 퇴직소득과세표준에 기본세율을 적용하여 계산한 금액을 12로 나눈 금액에 근속연수를 곱한 금액을 산출세액으로 한다.

094 사업에 사용하는 토지, 건물, 부동산에 관한 권리와 함께 양도하는 영업권(영업권을 별도로 평가하지 아니하였으나 사회통념상 자산에 포함되어 함께 양도된 것으로 인정되는 영업권은 제외)은 양도소득으로 과세한다. ⓞ ⓧ

> **094.** 정답 ⓧ
> 사업에 사용하는 토지, 건물, 부동산에 관한 권리와 함께 양도하는 영업권(영업권을 별도로 평가하지 아니하였으나 사회통념상 자산에 포함되어 함께 양도된 것으로 인정되는 영업권과 행정관청으로부터 인가·허가·면허 등을 받음으로써 얻는 경제적 이익을 포함)은 양도소득으로 과세한다.

095 양도소득 과세표준은 양도가액에서 필요경비를 공제하고, 그 금액에서 장기보유 특별공제액을 공제한 금액으로 한다. ⓞ ⓧ

> **095.** 정답 ⓧ
> 양도소득금액은 양도소득의 총수입금액(="양도가액")에서 필요경비를 공제하고, 그 금액(="양도차익")에서 장기보유 특별공제액을 공제한 금액으로 한다.

096 거주자가 양도일부터 소급하여 5년 이내에 그 배우자(양도 당시 혼인관계가 소멸된 경우를 포함하되, 사망으로 혼인관계가 소멸된 경우는 제외) 또는 직계존비속으로부터 증여받은 토지, 건물 등의 자산의 양도차익을 계산할 때 취득가액은 그 배우자 또는 직계존비속의 취득 당시의 금액으로 한다. 이 경우 거주자가 증여받은 자산에 대하여 납부하였거나 납부할 증여세 상당액이 있는 경우에는 필요경비에 산입한다. ⊙ ⊗

096. 정답 ⊗
거주자가 양도일부터 소급하여 10년 이내에 그 배우자(양도 당시 혼인관계가 소멸된 경우를 포함하되, 사망으로 혼인관계가 소멸된 경우는 제외) 또는 직계존비속으로부터 증여받은 토지, 건물 등의 자산의 양도차익을 계산할 때 취득가액은 그 배우자 또는 직계존비속의 취득 당시의 금액으로 한다. 이 경우 거주자가 증여받은 자산에 대하여 납부하였거나 납부할 증여세 상당액이 있는 경우에는 필요경비에 산입한다.

097 양도소득이 있는 거주자에 대해서는 부동산 등 양도소득별로 해당 과세기간의 양도소득금액에서 각각 연 150만원을 공제한다. ⊙ ⊗

097. 정답 ⊗
양도소득이 있는 거주자에 대해서는 부동산 등 양도소득별로 해당 과세기간의 양도소득금액에서 각각 연 250만원을 공제한다.

098 거주자는 해당 과세기간의 과세표준에 대한 양도소득 산출세액에서 감면세액과 세액공제액을 공제한 금액을 양도소득세 확정신고기한까지 대통령령으로 정하는 바에 따라 납세지 관할 세무서, 한국은행 또는 체신관서에 납부하여야 하며, 이를 확정신고납부라 한다. ⊙ ⊗

098. 정답 ⊙
거주자는 해당 과세기간의 과세표준에 대한 양도소득 산출세액에서 감면세액과 세액공제액을 공제한 금액을 양도소득세 확정신고기한까지 대통령령으로 정하는 바에 따라 납세지 관할 세무서, 한국은행 또는 체신관서에 납부하여야 하며, 이를 확정신고납부라 한다.

099 거주자(해당 자산의 양도일까지 계속 10년 이상 국내에 주소 또는 거소를 둔 자만 해당함)의 국외에 있는 자산의 양도에 대한 양도소득은 해당 과세기간에 국외에 있는 자산을 양도함으로써 발생하는 소득으로 한다. ⊙ ⊗

099. 정답 ⊗
거주자(해당 자산의 양도일까지 계속 5년 이상 국내에 주소 또는 거소를 둔 자만 해당함)의 국외에 있는 자산의 양도에 대한 양도소득은 해당 과세기간에 국외에 있는 자산을 양도함으로써 발생하는 소득으로 한다.

100 부동산을 양도한 경우에는 그 양도일이 속하는 달의 말일부터 2개월 이내에 양도소득세 예정신고를 하여야 한다. 단, 부담부증여의 채무액에 해당하는 부분으로서 양도로 보는 경우에는 그 양도일이 속하는 달의 말일부터 5개월 이내에 예정신고를 하여야 한다. ⊙ ⊗

100. 정답 ⊗
부동산을 양도한 경우에는 그 양도일이 속하는 달의 말일부터 2개월 이내에 양도소득세 예정신고를 하여야 한다. 단, 부담부증여의 채무액에 해당하는 부분으로서 양도로 보는 경우에는 그 양도일이 속하는 달의 말일부터 3개월 이내에 예정신고를 하여야 한다.

11 신고 및 납부 절차

101 종합소득과세표준이 없거나 결손금이 있는 거주자는 그 종합소득 과세표준을 신고하지 아니할 수 있다. ⭕❌

101 정답 ❌
해당 과세기간의 종합소득금액이 있는 거주자(종합소득과세표준이 없거나 결손금이 있는 거주자를 포함)는 그 종합소득 과세표준을 그 과세기간의 다음 연도 5월 1일부터 5월 31일까지 대통령령으로 정하는 바에 따라 납세지 관할 세무서장에게 신고하여야 한다.

102 해당 과세기간에 분리과세 주택임대소득만 있는 경우에는 종합소득과세표준확정신고를 하지 아니한다. ⭕❌

102 정답 ❌
해당 과세기간에 분리과세 주택임대소득 및 계약금이 위약금·배상금으로 대체되는 경우의 기타소득의 경우에도 종합소득과세표준확정신고를 하여야 한다.

103 개인면세사업자(해당 과세기간 중 사업을 폐업 또는 휴업한 사업자를 포함)는 해당 과세기간의 다음 연도 2월 10일까지 사업장 소재지 관할 세무서장에게 사업장 현황신고하여야 한다. ⭕❌

103 정답 ❌
개인면세사업자(해당 과세기간 중 사업을 폐업 또는 휴업한 사업자를 포함)는 해당 과세기간의 다음 연도 2월 말일까지 사업장 소재지 관할 세무서장에게 사업장 현황신고하여야 한다.

104 납세조합에 가입해 수입금액을 신고한 자는 사업장 현황신고를 하지 아니할 수 있다. ⭕❌

104 정답 ⭕
납세조합에 가입해 수입금액을 신고한 자는 사업장 현황신고를 하지 아니할 수 있다.

105 거주자로서 소득세 중간예납, 부동산매매업의 예정신고, 종합소득 확정신고 및 양도소득세 납부 시 납부할 세액이 각각 1천만원을 초과하는 자는 납부할 세액의 일부를 납부기한이 지난 후 1개월 이내에 분할납부할 수 있다. ⭕❌

105 정답 ❌
거주자로서 소득세 중간예납, 부동산매매업의 예정신고, 종합소득 확정신고 및 양도소득세 납부 시 납부할 세액이 각각 1천만원을 초과하는 자는 납부할 세액의 일부를 납부기한이 지난 후 2개월 이내에 분할납부할 수 있다.

106 공동사업장에서 발생한 소득금액에 대하여 원천징수된 세액은 각 공동사업자의 손익분배비율에 따라 배분한다.

106 정답 ○
공동사업장에서 발생한 소득금액에 대하여 원천징수된 세액은 각 공동사업자의 손익분배비율에 따라 배분한다.

107 양도소득 예정신고를 한 자는 양도소득 확정신고를 하지 아니한다.

107 정답 ✕
양도소득 예정신고를 한 자는 양도소득 확정신고를 하지 아니할 수 있다. 다만, 해당 과세기간에 누진세율 적용대상 자산에 대한 예정신고를 2회 이상 하는 경우 이미 신고한 양도소득금액과 합산하여 신고하지 아니한 경우에는 그러하지 아니하다.

108 거주자가 사망한 경우 그 상속인은 그 상속 개시일이 속하는 달의 말일부터 3개월이 되는 날(이 기간 중 상속인이 출국하는 경우에는 출국일 전날)까지 사망일이 속하는 과세기간에 대한 그 거주자의 과세표준을 신고하여야 한다. 다만, 상속인이 승계한 연금계좌의 소득금액에 대해서는 그러하지 아니하다.

108 정답 ✕
거주자가 사망한 경우 그 상속인은 그 상속 개시일이 속하는 달의 말일부터 6개월이 되는 날(이 기간 중 상속인이 출국하는 경우에는 출국일 전날)까지 사망일이 속하는 과세기간에 대한 그 거주자의 과세표준을 신고하여야 한다. 다만, 상속인이 승계한 연금계좌의 소득금액에 대해서는 그러하지 아니하다.

109 성실신고확인대상사업자가 성실신고확인서를 제출하는 경우에는 종합소득과세표준 확정신고를 그 과세기간의 다음 연도 6월 1일부터 6월 30일까지 하여야 한다.

109 정답 ✕
성실신고확인대상사업자가 성실신고확인서를 제출하는 경우에는 종합소득과세표준 확정신고를 그 과세기간의 다음 연도 5월 1일부터 6월 30일까지 하여야 한다.

110 조세에 관한 법률을 적용할 때 소득세의 감면에 관한 규정과 세액공제에 관한 규정이 동시에 적용되는 경우에는 소득세 감면, 이월공제가 인정되지 아니하는 세액공제, 이월공제가 인정되는 세액공제의 순서로 공제한다. 이 경우 해당 과세기간 중에 발생한 세액공제액과 이전 과세기간에서 이월된 미공제액이 함께 있을 때에는 해당 과세기간의 공제액을 먼저 공제한다.

110 정답 ✕
조세에 관한 법률을 적용할 때 소득세의 감면에 관한 규정과 세액공제에 관한 규정이 동시에 적용되는 경우에는 소득세의 감면, 이월공제가 인정되지 아니하는 세액공제, 이월공제가 인정되는 세액공제의 순서로 공제한다. 이 경우 해당 과세기간 중에 발생한 세액공제액과 이전 과세기간에서 이월된 미공제액이 함께 있을 때에는 이월된 미공제액을 먼저 공제한다.

12 비거주자의 납세의무 및 보칙

111 국내에 있는 부동산 또는 부동산상의 권리의 양도는 비거주자의 국내원천소득이고 국내에서 취득한 광업권, 조광권, 지하수의 개발·이용권, 어업권, 토사석 채취에 관한 권리의 양도·임대, 그 밖에 운영으로 인하여 발생하는 소득은 비거주자의 국내원천소득에 해당하지 않는다. O X

111 정답 X
국내에 있는 부동산 또는 부동산상의 권리와 국내에서 취득한 광업권, 조광권, 지하수의 개발·이용권, 어업권, 토사석 채취에 관한 권리의 양도·임대, 그 밖에 운영으로 인하여 발생하는 소득은 비거주자의 국내원천소득이다.

112 국내에서 발견된 매장물로 인한 소득은 비거주자의 국내원천소득이다. O X

112 정답 O
국내에서 발견된 매장물로 인한 소득은 비거주자의 국내원천소득이다.

113 비거주자가 국외투자기구를 통하여 국내원천소득을 지급받는 경우에는 그 국외투자기구를 통하여 해당 국외투자기구를 국내원천소득의 실질귀속자로 본다. O X

113 정답 X
비거주자가 국외투자기구를 통하여 국내원천소득을 지급받는 경우에는 그 국외투자기구를 통하여 국내원천소득을 지급받는 비거주자를 국내원천소득의 실질귀속자로 본다.

114 비거주자의 국내원천소득에 대해서는 무조건 분리과세한다. O X

114 정답 X
비거주자에 대하여 과세하는 소득세는 해당 국내원천소득을 종합하여 과세하는 경우와 분류하여 과세하는 경우 및 그 국내원천소득을 분리하여 과세하는 경우로 구분하여 계산한다. 국내사업장이 있는 비거주자와 국내원천 부동산소득이 있는 비거주자에 대해서는 종합소득에 대하여는 거주자 규정을 준용하여 종합소득확정신고를 하고, 국내원천 퇴직소득 및 국내원천 부동산등양도소득이 있는 비거주자에 대해서는 거주자와 같은 방법으로 분류하여 과세한다.

115 사업자는 예외없이 복식부기에 따라 장부에 기록·관리하여야 한다. ⓞ ⊠

115 정답 ⊠
사업자(국내사업장이 있거나 국내부동산소득이 있는 비거주자를 포함)는 소득금액을 계산할 수 있도록 증명서류 등을 갖춰 놓고 그 사업에 관한 모든 거래 사실이 객관적으로 파악될 수 있도록 복식부기에 따라 장부에 기록·관리하여야 한다. 단, 간편장부 대상자가 간편장부를 갖춰 놓고 그 사업에 관한 거래 사실을 성실히 기재한 경우에는 복식부기에 의한 장부를 비치·기록한 것으로 본다.

116 국세청장은 신용카드에 의한 거래를 거부하거나 신용카드매출전표를 사실과 다르게 발급한 신용카드가맹점에 대해서 그 시정에 필요한 사항을 명할 수 있으며, 관할 세무서장은 이러한 명령사항을 위반한 사업자에게 5천만원 이하의 과태료를 부과·징수한다. ⓞ ⊠

116 정답 ⊠
국세청장은 신용카드에 의한 거래를 거부하거나 신용카드매출전표를 사실과 다르게 발급한 신용카드가맹점에 대해서 그 시정에 필요한 사항을 명할 수 있으며, 관할 세무서장은 이러한 명령사항을 위반한 사업자에게 2천만원 이하의 과태료를 부과·징수한다.

117 소득세를 감면받으려는 자는 그 감면소득과 그 밖의 소득을 합산하여 장부에 기록하여야 한다. ⓞ ⊠

117 정답 ⊠
소득세를 감면받으려는 자는 그 감면소득과 그 밖의 소득을 구분하여 장부에 기록하여야 한다.

118 납세조합이 중간예납기간 중 그 조합원의 해당 소득에 대한 소득세를 매월 징수하여 납부한 경우에는 그 소득에 대한 중간예납을 하지 아니한다. ⓞ ⊠

118 정답 ⓞ
납세조합이 중간예납기간 중 그 조합원의 해당 소득에 대한 소득세를 매월 징수하여 납부한 경우에는 그 소득에 대한 중간예납을 하지 아니한다.

119 일용근로자의 근로소득의 경우에는 그 지급일이 속하는 달의 다음 달 10일(휴업, 폐업 또는 해산한 경우에는 휴업일, 폐업일 또는 해산일이 속하는 달의 다음 달 10일)까지 지급명세서를 제출하여야 한다. ⓞ ⊠

119 정답 ⊠
일용근로자의 근로소득의 경우에는 그 지급일이 속하는 달의 다음 달 말일(휴업, 폐업 또는 해산한 경우에는 휴업일, 폐업일 또는 해산일이 속하는 달의 다음 달 말일)까지 지급명세서를 제출하여야 한다.

120 사업소득과 일반근로소득 또는 퇴직소득, 기타소득 중 종교인소득 및 봉사료의 경우에는 다음 연도 3월 말일까지 지급명세서를 제출하여야 한다. ⓞ ⊠

120 정답 ⊠
사업소득과 일반근로소득 또는 퇴직소득, 기타소득 중 종교인소득 및 봉사료의 경우에는 다음 연도 3월 10일까지 지급명세서를 제출하여야 한다.

4 법인세법

01 용어 및 납세의무자

001 "외국법인"이란 본점 또는 주사무소가 외국에 있는 단체(사업의 실질적 관리장소가 국내에 있는 경우 포함)로서 대통령령으로 정하는 기준에 해당하는 법인을 말한다. O X

001. 정답 X
"외국법인"이란 본점 또는 주사무소가 외국에 있는 단체(사업의 실질적 관리장소가 국내에 있지 아니하는 경우만 해당함)로서 대통령령으로 정하는 기준에 해당하는 법인을 말한다.

002 "연결납세방식"이란 둘 이상의 내·외국법인을 하나의 과세표준과 세액을 계산하는 단위로 하여 법인세를 신고·납부하는 방식을 말한다. O X

002. 정답 X
"연결납세방식"이란 둘 이상의 내국법인을 하나의 과세표준과 세액을 계산하는 단위로 하여 법인세를 신고·납부하는 방식을 말한다.

003 내국법인 중 국가와 지방자치단체(지방자치단체조합을 포함)는 각사업연도소득에 대한 법인세를 납부할 의무가 있다. O X

003. 정답 X
내국법인 중 국가와 지방자치단체(지방자치단체조합을 포함)는 그 소득에 대한 법인세를 납부할 의무가 없다.

004 신탁재산에 귀속되는 소득에 대해서는 그 신탁의 위탁자가 법인세를 납부할 의무가 있다. O X

004. 정답 X
신탁재산에 귀속되는 소득에 대해서는 그 신탁의 이익을 받을 수익자가 그 신탁재산을 가진 것으로 보고 법인세법을 적용한다. 단, 수익자가 특별히 정하여지지 아니하거나 존재하지 아니하는 신탁 또는 위탁자가 신탁재산을 실질적으로 통제하는 신탁의 경우에는 신탁재산에 귀속되는 소득에 대하여 그 신탁의 위탁자가 법인세를 납부할 의무가 있다.

005 연결법인은 각 연결사업연도의 소득에 대한 법인세(각 연결법인의 토지등 양도소득에 대한 법인세 및 「조세특례제한법」 제100조의32에 따른 투자·상생협력 촉진을 위한 과세특례를 적용하여 계산한 법인세를 포함)를 연대하여 납부할 의무가 있다. ◯ ✗

005. 정답 ◯
연결법인은 각 연결사업연도의 소득에 대한 법인세(각 연결법인의 토지등 양도소득에 대한 법인세 및 「조세특례제한법」 제100조의32에 따른 투자·상생협력 촉진을 위한 과세특례를 적용하여 계산한 법인세를 포함)를 연대하여 납부할 의무가 있다.

006 국내사업장을 가진 외국법인과 국내원천 부동산소득이 있는 외국법인은 토지등양도소득에 대한 법인세 납세의무가 있다. ◯ ✗

006. 정답 ◯
국내사업장을 가진 외국법인과 국내원천 부동산소득이 있는 외국법인은 토지등양도소득에 대한 법인세 납세의무가 있다.

007 내국법인이 「상법」의 규정에 따라 조직변경하는 경우에는 청산소득에 대한 법인세를 과세한다. ◯ ✗

007. 정답 ✗
내국법인이 「상법」의 규정에 따라 조직변경하는 경우 등에 해당하면 청산소득에 대한 법인세를 과세하지 아니한다.

008 "비영리외국법인"이란 외국법인 중 외국의 정부·지방자치단체 및 영리를 목적으로 하지 아니하는 법인(법인으로 보는 단체를 제외)을 말한다. ◯ ✗

008. 정답 ✗
"비영리외국법인"이란 외국법인 중 외국의 정부·지방자치단체 및 영리를 목적으로 하지 아니하는 법인(법인으로 보는 단체를 포함)을 말한다.

009 유형자산 및 무형자산의 처분일 현재 3년 이상 계속하여 법령 또는 정관에 규정된 고유목적사업에 직접 사용한 유형자산 및 무형자산의 처분으로 인하여 생기는 수입은 수익사업으로 보아 법인세를 과세한다. ◯ ✗

009. 정답 ✗
주식·신주인수권 또는 출자지분의 양도로 인한 수입, 유형자산 및 무형자산의 처분으로 인한 수입은 비영리법인의 수익사업에 해당되어 법인세가 과세된다. 단, 해당 유형자산 및 무형자산의 처분일 현재 3년 이상 계속하여 법령 또는 정관에 규정된 고유목적사업에 직접 사용한 유형자산 및 무형자산의 처분으로 인하여 생기는 수입은 수익사업으로 보지 않으므로 법인세를 과세하지 아니한다.

010 비영리외국법인의 각 사업연도소득은 국내·외 수익사업에서 생기는 소득으로 한정한다. ◯ ✗

010. 정답 ✗
비영리외국법인의 각 사업연도소득은 국내원천 수익사업에서 생기는 소득으로 한정한다.

02 사업연도

011 사업연도는 법령이나 법인의 정관(定款) 등에서 정하는 1회계기간으로 한다. 다만, 그 기간은 1년을 초과하지 못한다. ◯ ✗

011. 정답 ◯
사업연도는 법령이나 법인의 정관(定款) 등에서 정하는 1회계기간으로 한다. 다만, 그 기간은 1년을 초과하지 못한다.

012 법령이나 정관 등에 사업연도에 관한 규정이 없는 내국법인은 따로 사업연도를 정하여 법인 설립신고 또는 사업자등록과 함께 국세청장에게 사업연도를 신고하여야 한다. ◯ ✗

012. 정답 ✗
법령이나 정관 등에 사업연도에 관한 규정이 없는 내국법인은 따로 사업연도를 정하여 법인 설립신고 또는 사업자등록과 함께 납세지 관할 세무서장에게 사업연도를 신고하여야 한다.

013 국내사업장이 없는 외국법인으로서 제93조제3호 또는 제7호에 따른 부동산 관련 소득이 있는 법인은 따로 사업연도를 정하여 그 소득이 최초로 발생하게 된 날부터 3개월 이내에 납세지 관할 세무서장에게 사업연도를 신고하여야 한다. ◯ ✗

013. 정답 ✗
국내사업장이 없는 외국법인으로서 제93조제3호 또는 제7호에 따른 부동산 관련 소득이 있는 법인은 따로 사업연도를 정하여 그 소득이 최초로 발생하게 된 날부터 1개월 이내에 납세지 관할 세무서장에게 사업연도를 신고하여야 한다.

014 사업연도를 정하여 신고하여야 할 법인이 그 신고를 하지 아니하는 경우에는 관할 세무서장이 정하는 기간을 그 법인의 사업연도로 한다. ◯ ✗

014. 정답 ✗
사업연도를 정하여 신고하여야 할 법인이 그 신고를 하지 아니하는 경우에는 매년 1월 1일부터 12월 31일까지를 그 법인의 사업연도로 한다.

015 사업연도를 변경하려는 법인은 그 법인의 직전 사업연도 종료일부터 1개월 이내에 대통령령으로 정하는 바에 따라 납세지 관할 세무서장에게 이를 신고하여야 한다. ⭕❌

015. 〔정답 ❌〕
사업연도를 변경하려는 법인은 그 법인의 직전 사업연도 종료일부터 3개월 이내에 대통령령으로 정하는 바에 따라 납세지 관할 세무서장에게 이를 신고하여야 한다.

016 법령에 따라 사업연도가 정하여지는 법인의 경우 사업연도변경신고를 기한까지 하지 아니한 경우에는 그 법인의 사업연도는 변경되지 아니한 것으로 본다. ⭕❌

016. 〔정답 ❌〕
사업연도변경신고를 기한까지 하지 아니한 경우에는 그 법인의 사업연도는 변경되지 아니한 것으로 본다. 다만, 법령에 따라 사업연도가 정하여지는 법인의 경우 관련 법령의 개정에 따라 사업연도가 변경된 경우에는 사업연도변경신고를 하지 아니한 경우에도 그 법령의 개정 내용과 같이 사업연도가 변경된 것으로 본다.

017 사업연도가 변경된 경우에는 종전의 사업연도 개시일부터 변경된 사업연도 개시일 전날까지의 기간을 1사업연도로 한다. 다만, 그 기간이 1개월 이하인 경우에는 변경된 사업연도에 그 기간을 포함한다. ⭕❌

017. 〔정답 ❌〕
사업연도가 변경된 경우에는 종전의 사업연도 개시일부터 변경된 사업연도 개시일 전날까지의 기간을 1사업연도로 한다. 다만, 그 기간이 1개월 미만인 경우에는 변경된 사업연도에 그 기간을 포함한다.

018 내국법인이 사업연도 중에 합병 또는 분할에 따라 해산한 경우에는 그 사업연도 개시일부터 합병등기일의 전날 또는 분할등기일의 전날까지의 기간을 그 해산한 법인의 1사업연도로 본다. ⭕❌

018. 〔정답 ❌〕
내국법인이 사업연도 중에 합병 또는 분할에 따라 해산한 경우에는 그 사업연도 개시일부터 합병등기일 또는 분할등기일까지의 기간을 그 해산한 법인의 1사업연도로 본다.

019 내국법인이 사업연도 중에 연결납세방식을 적용받는 경우에는 그 사업연도 개시일부터 연결사업연도 개시일까지의 기간을 1사업연도로 본다. ⭕❌

019. 〔정답 ❌〕
내국법인이 사업연도 중에 연결납세방식을 적용받는 경우에는 그 사업연도 개시일부터 연결사업연도 개시일 전날까지의 기간을 1사업연도로 본다.

020 국내사업장이 없는 외국법인이 사업연도 중에 제93조제3호에 따른 국내원천 부동산소득 또는 같은 조 제7호에 따른 국내원천 부동산등양도소득이 발생하지 아니하게 되어 납세지 관할 세무서장에게 그 사실을 신고한 경우에는 그 사업연도 개시일부터 부동산 관련 소득이 발생하지 않게 된 날까지의 기간을 1사업연도로 본다. ◯ ✗

020. 정답 ✗
국내사업장이 없는 외국법인이 사업연도 중에 제93조제3호에 따른 국내원천 부동산소득 또는 같은 조 제7호에 따른 국내원천 부동산등양도소득이 발생하지 아니하게 되어 납세지 관할 세무서장에게 그 사실을 신고한 경우에는 그 사업연도 개시일부터 신고일까지의 기간을 1사업연도로 본다.

03 납세지 등

021 외국법인의 법인세 납세지는 그 법인의 등기부에 따른 본점이나 주사무소의 소재지(국내에 본점 또는 주사무소가 있지 아니하는 경우에는 사업을 실질적으로 관리하는 장소의 소재지)로 한다. ◯ ✗

021. 정답 ✗
내국법인의 법인세 납세지는 그 법인의 등기부에 따른 본점이나 주사무소의 소재지(국내에 본점 또는 주사무소가 있지 아니하는 경우에는 사업을 실질적으로 관리하는 장소의 소재지)로 한다.

022 법인으로 보는 단체의 경우 당해 단체의 사업장소재지를 납세지로 한다. 단, 주된 소득이 부동산임대소득인 단체의 경우에는 그 부동산의 소재로 하며, 2 이상의 사업장 또는 부동산을 가지고 있는 단체의 경우에는 각각의 사업장 주된 부동산의 소재지를 납세지로 한다. ◯ ✗

022. 정답 ✗
법인으로 보는 단체의 경우 당해 단체의 사업장소재지를 납세지로 한다. 단, 주된 소득이 부동산임대소득인 단체의 경우에는 그 부동산의 소재로 하며, 2 이상의 사업장 또는 부동산을 가지고 있는 단체의 경우에는 주된 사업장 또는 주된 부동산의 소재지를 납세지로 한다.

023 외국법인의 법인세 납세지는 국내사업장의 소재지로 한다. 다만, 국내사업장이 없는 외국법인으로서 국내원천 부동산등소득이 있는 외국법인의 경우에는 각각 그 자산의 소재지로 한다. ◯ ✗

023. 정답 ◯
외국법인의 법인세 납세지는 국내사업장의 소재지로 한다. 다만, 국내사업장이 없는 외국법인으로서 국내원천 부동산등 소득이 있는 외국법인의 경우에는 각각 그 자산의 소재지로 한다.

024 법인세법 제9조에 따른 납세지가 그 법인의 납세지로 적당하지 아니하다고 인정되는 경우에는 국세청장이 그 납세지를 지정하여야 한다. ⭕❌

024. 정답 ❌
법인세법 제9조에 따른 납세지가 그 법인의 납세지로 적당하지 아니하다고 인정되는 경우로서 대통령령으로 정하는 경우에는 관할지방국세청장은 납세지를 지정할 수 있다. 이 경우 새로이 지정될 납세지가 그 관할을 달리하는 경우에는 국세청장이 그 납세지를 지정할 수 있다.

025 법인은 납세지가 변경된 경우에는 그 변경된 날부터 1개월 이내에 대통령령으로 정하는 바에 따라 변경 후의 납세지 관할 세무서장에게 이를 신고하여야 한다. 이 경우 납세지가 변경된 법인이 「부가가치세법」 제8조에 따라 그 변경된 사실을 신고한 경우에는 납세지 변경신고를 한 것으로 본다. ⭕❌

025. 정답 ❌
법인은 납세지가 변경된 경우에는 그 변경된 날부터 15일 이내에 대통령령으로 정하는 바에 따라 변경 후의 납세지 관할 세무서장에게 이를 신고하여야 한다. 이 경우 납세지가 변경된 법인이 「부가가치세법」 제8조에 따라 그 변경된 사실을 신고한 경우에는 납세지 변경신고를 한 것으로 본다.

026 납세지가 변경된 법인이 납세지 변경신고를 하지 않은 경우에는 변경된 본점 소재지를 그 법인의 납세지로 한다. ⭕❌

026. 정답 ❌
납세지가 변경된 법인이 납세지 변경신고를 하지 않은 경우에는 종전의 납세지를 그 법인의 납세지로 한다.

027 건설업 등을 영위하는 외국법인의 국내사업장이 영해에 소재하는 이유 등으로 국내사업장을 납세지로 하는 것이 곤란한 경우에는 국내의 등기부상 소재지를 납세지로 한다. 다만, 등기부상 소재지가 없으면 국내에서 그 사업에 관한 업무를 총괄하는 장소를 납세지로 한다. ⭕❌

027. 정답 ⭕
건설업 등을 영위하는 외국법인의 국내사업장이 영해에 소재하는 이유 등으로 국내사업장을 납세지로 하는 것이 곤란한 경우에는 국내의 등기부상 소재지를 납세지로 한다. 다만, 등기부상 소재지가 없으면 국내에서 그 사업에 관한 업무를 총괄하는 장소를 납세지로 한다. (법인세법 시행령 제7조 제5항)

028 원천징수한 법인세는 원천징수하는 자가 거주자인 경우 그 거주자의 주소지 또는 거소지를 납세지로 한다. ⭕❌

028. 정답 ❌
원천징수한 법인세는 원천징수하는 자가 거주자인 경우 그 거주자의 주된 사업장 소재지를 납세지로 한다. 다만, 주된 사업장 외의 사업장에서 원천징수를 하는 경우에는 그 사업장의 소재지, 사업장이 없는 경우에는 그 거주자의 주소지 또는 거소지를 납세지로 한다.

029 관할지방국세청장이나 국세청장이 납세지 지정을 한 경우 납세지의 지정통지는 그 법인의 당해 사업연도종료일부터 15일 이내에 하여야 한다. O X

029. 정답 X
관할지방국세청장이나 국세청장이 납세지 지정을 한 경우 납세지의 지정통지는 그 법인의 당해 사업연도종료일부터 45일 이내에 하여야 한다.

030 내국법인의 본점등의 소재지가 등기된 주소와 동일하지 아니한 경우, 내국법인의 본점등의 소재지가 자산 또는 사업장과 분리되어 있어 조세포탈의 우려가 있는지 여부에 관계없이 납세지 지정을 하여야 한다. O X

030. 정답 X
내국법인의 본점등의 소재지가 등기된 주소와 동일하지 아니한 경우, 내국법인의 본점등의 소재지가 자산 또는 사업장과 분리되어 있어 조세포탈의 우려가 있다고 인정되는 경우에는 납세지 지정을 할 수 있다.

04 세무조정 및 소득처분

031 자본금과 적립금 조정명세서(갑)은 유보를 관리하는 서식이다. 유보는 결산상 자산·부채와 세무상 자산·부채에 차이가 있다는 것을 나타낸다. O X

031. 정답 X
자본금과 적립금 조정명세서(을)은 유보를 관리하는 서식이다. 유보는 결산상 자산·부채와 세무상 자산·부채에 차이가 있다는 것을 나타낸다.

032 결산조정사항이란 세법이 정한 한도액 이내에서 결산상 비용으로 회계처리한 경우에 그 결산상 계상액을 손금으로 인정하는 항목을 말한다. 따라서 회사가 결산서에 계상하지 않은 경우 신고조정으로 손금산입할 수 없다. O X

032. 정답 O
결산조정사항이란 세법이 정한 한도액 이내에서 결산상 비용으로 회계처리한 경우에 그 결산상 계상액을 손금으로 인정하는 항목을 말한다. 따라서 회사가 결산서에 계상하지 않은 경우 신고조정으로 손금산입할 수 없다.

033 익금산입한 소득의 귀속자가 주주 등(임원 또는 직원인 주주 등을 포함)인 경우에는 그 귀속자에 대한 배당으로 소득처분한다. O X

033. 정답 X
익금산입한 소득의 귀속자가 주주 등(임원 또는 직원인 주주 등을 제외)인 경우에는 그 귀속자에 대한 배당으로 소득처분한다.

034 귀속자가 법인이거나 사업을 영위하는 개인인 경우에는 기타소득으로 소득처분한다. 다만, 그 분여된 이익이 내국법인 또는 외국법인의 국내사업장의 각 사업연도의 소득이나 거주자 또는 「소득세법」 제120조에 따른 비거주자의 국내사업장의 사업소득을 구성하는 경우에 한한다. O X

034. 정답 X
귀속자가 법인이거나 사업을 영위하는 개인인 경우에는 기타 사외유출로 소득처분한다. 다만, 그 분여된 이익이 내국법인 또는 외국법인의 국내사업장의 각 사업연도의 소득이나 거주자 또는 「소득세법」 제120조에 따른 비거주자의 국내사업장의 사업소득을 구성하는 경우에 한한다.

035 법인세 과세표준의 신고·결정 또는 경정이 있는 때 손금에 산입하거나 익금에 산입하지 아니한 금액은 그 귀속자 등에게 상여·배당·기타사외유출·사내유보 등 대통령령으로 정하는 바에 따라 처분한다. O X

035. 정답 X
법인세 과세표준의 신고·결정 또는 경정이 있는 때 익금에 산입하거나 손금에 산입하지 아니한 금액은 그 귀속자 등에게 상여·배당·기타사외유출·사내유보 등 대통령령으로 정하는 바에 따라 처분한다.

036 익금에 산입한 금액의 귀속이 불분명한 경우에는 대표자에게 귀속된 것으로 본다. 이 경우 소액주주등이 아닌 주주등인 임원 및 그와 특수관계에 있는 자가 소유하는 주식등을 합하여 해당 법인의 발행주식총수 또는 출자총액의 100분의 10 이상을 소유하고 있는 경우의 그 임원이 법인의 경영을 사실상 지배하고 있는 경우에는 그 자를 대표자로 하고, 대표자가 2명 이상인 경우에는 사실상의 대표자로 한다. O X

036. 정답 X
익금에 산입한 금액의 귀속이 불분명한 경우에는 대표자에게 귀속된 것으로 본다. 이 경우 소액주주등이 아닌 주주등인 임원 및 그와 특수관계에 있는 자가 소유하는 주식등을 합하여 해당 법인의 발행주식총수 또는 출자총액의 100분의 30 이상을 소유하고 있는 경우의 그 임원이 법인의 경영을 사실상 지배하고 있는 경우에는 그 자를 대표자로 하고, 대표자가 2명 이상인 경우에는 사실상의 대표자로 한다.

037 익금에 산입한 금액의 귀속자가 임원 또는 직원인 경우에는 그 귀속자에 대한 기타사외유출로 소득처분한다. O X

037. 정답 X
익금에 산입한 금액의 귀속자가 임원 또는 직원인 경우에는 그 귀속자에 대한 상여로 소득처분한다.

038 접대비(=기업업무추진비) 한도초과액의 손금불산입에 대한 소득처분은 무조건 기타로 한다. O X

038. 정답 X
접대비(=기업업무추진비) 한도초과액의 손금불산입에 대한 소득처분은 무조건 기타사외유출로 한다.

039 내국법인이 「국세기본법」 제45조의 수정신고기한 내에 매출누락, 가공경비 등 부당하게 사외유출된 금액을 회수하고 세무조정으로 익금에 산입하여 신고하는 경우의 소득처분은 사내유보로 한다. 다만, 경정이 있을 것을 미리 알고 사외유출된 금액을 익금산입하는 경우에도 사내유보로 소득처분한다. ◯ ✕

039. 정답 ✕
내국법인이 「국세기본법」 제45조의 수정신고기한 내에 매출누락, 가공경비 등 부당하게 사외유출된 금액을 회수하고 세무조정으로 익금에 산입하여 신고하는 경우의 소득처분은 사내유보로 한다. 다만, 경정이 있을 것을 미리 알고 사외유출된 금액을 익금산입하는 경우에는 그러하지 아니하다.

040 결산조정사항은 누락된 경우 세무조정 및 경정청구가 불가능하고, 신고조정사항은 누락된 경우 세무조정 및 경정청구가 가능하다. ◯ ✕

040. 정답 ◯
결산조정사항은 누락된 경우 세무조정 및 경정청구가 불가능하고, 신고조정사항은 누락된 경우 세무조정 및 경정청구가 가능하다.

05 익금 항목 및 익금불산입 항목

041 내국법인의 각 사업연도의 소득은 그 사업연도에 속하는 익금(益金)의 총액에서 그 사업연도에 속하는 손금(損金)의 총액을 뺀 금액으로 한다. ◯ ✕

041. 정답 ◯
내국법인의 각 사업연도의 소득은 그 사업연도에 속하는 익금(益金)의 총액에서 그 사업연도에 속하는 손금(損金)의 총액을 뺀 금액으로 한다.

042 내국법인의 각 사업연도의 이월결손금은 그 사업연도에 속하는 손금의 총액이 그 사업연도에 속하는 익금의 총액을 초과하는 경우에 그 초과하는 금액으로 한다. ◯ ✕

042. 정답 ✕
내국법인의 각 사업연도의 결손금은 그 사업연도에 속하는 손금의 총액이 그 사업연도에 속하는 익금의 총액을 초과하는 경우에 그 초과하는 금액으로 한다. 내국법인의 이월결손금은 각 사업연도의 개시일 전 발생한 각 사업연도의 결손금으로서 그 후의 각 사업연도의 과세표준을 계산할 때 공제되지 아니한 금액으로 한다.

043 익금은 자본 또는 출자의 납입을 제외하고 해당 법인의 순자산(純資產)을 증가시키는 거래로 인하여 발생하는 이익 또는 수입의 금액으로 한다. ◯ ✕

043. 정답 ✕
익금은 자본 또는 출자의 납입 및 법인세법에서 규정하는 것(익금불산입 항목)은 제외하고 해당 법인의 순자산(純資產)을 증가시키는 거래로 인하여 발생하는 이익 또는 수입의 금액으로 한다.

044 특수관계인인 개인으로부터 유가증권을 시가보다 높은 가액으로 매입하는 경우 시가와 그 매입가액의 차액에 상당하는 금액은 익금으로 본다. ⭕❌

044. 정답 ❌
특수관계인인 개인으로부터 유가증권을 시가보다 낮은 가액으로 매입하는 경우 시가와 그 매입가액의 차액에 상당하는 금액은 익금으로 본다.

045 자기주식(합병법인이 합병에 따라 피합병법인이 보유하던 합병법인의 주식을 취득하게 된 경우를 포함)의 양도금액은 익금불산입 항목이다. ⭕❌

045. 정답 ❌
자기주식(합병법인이 합병에 따라 피합병법인이 보유하던 합병법인의 주식을 취득하게 된 경우를 포함)의 양도금액은 익금이다.

046 주식의 소각, 자본의 감소, 사원의 퇴사·탈퇴 또는 출자의 감소로 인하여 주주등인 내국법인이 취득하는 금전과 그 밖의 재산가액의 합계액이 해당 주식 또는 출자지분을 취득하기 위하여 사용한 금액을 초과하는 금액은 이익을 배당받았거나 잉여금을 분배받은 금액으로 본다. ⭕❌

046. 정답 ⭕
주식의 소각, 자본의 감소, 사원의 퇴사·탈퇴 또는 출자의 감소로 인하여 주주등인 내국법인이 취득하는 금전과 그 밖의 재산가액의 합계액이 해당 주식 또는 출자지분을 취득하기 위하여 사용한 금액을 초과하는 금액은 이익을 배당받았거나 잉여금을 분배받은 금액으로 본다.

047 해산한 법인의 주주등(법인으로 보는 단체의 구성원 제외)인 내국법인이 법인의 해산으로 인한 잔여재산의 분배로서 취득하는 금전과 그 밖의 재산의 가액이 그 주식등을 취득하기 위하여 사용한 금액을 초과하는 금액은 익금이다. ⭕❌

047. 정답 ❌
해산한 법인의 주주등(법인으로 보는 단체의 구성원을 포함)인 내국법인이 법인의 해산으로 인한 잔여재산의 분배로서 취득하는 금전과 그 밖의 재산의 가액이 그 주식등을 취득하기 위하여 사용한 금액을 초과하는 금액은 익금이다.

048 채무의 출자전환으로 주식등을 발행하는 경우 주식발행초과금 중 그 주식등의 시가를 초과하여 발행된 금액은 익금불산입 항목이다. ⭕❌

048. 정답 ❌
주식발행액면초과액은 익금불산입 항목이다. 다만, 채무의 출자전환으로 주식등을 발행하는 경우에는 그 주식등의 시가를 초과하여 발행된 금액은 익금이다.

049 각 사업연도의 소득으로 이미 과세된 소득(법률에 따라 비과세되거나 면제되는 소득은 제외)은 익금불산입 항목이다. ⭕❌

049. 정답 ❌
각 사업연도의 소득으로 이미 과세된 소득(법률에 따라 비과세되거나 면제되는 소득을 포함)은 익금불산입 항목이다.

050 무상(無償)으로 받은 자산의 가액(일시상각충당금 등을 손금산입한 국고보조금등은 제외)과 채무의 면제 또는 소멸로 인한 부채(負債)의 감소액 중 대통령령으로 정하는 이월결손금을 보전하는 데에 충당한 금액은 익금 항목이다. ⭕❌

050. 정답 ❌
무상(無償)으로 받은 자산의 가액(일시상각충당금 등을 손금산입한 국고보조금등은 제외)과 채무의 면제 또는 소멸로 인한 부채(負債)의 감소액 중 대통령령으로 정하는 이월결손금을 보전하는 데에 충당한 금액은 익금불산입 항목이다.

06 손금 항목 및 손금불산입 항목

051 손금은 자본 또는 출자의 환급, 잉여금의 처분 및 법인세법에서 규정하는 것은 제외하고 해당 법인의 순자산을 감소시키는 거래로 인하여 발생하는 손실 또는 비용의 금액(이하 '손비')으로 한다. ⭕❌

051. 정답 ⭕
손금은 자본 또는 출자의 환급, 잉여금의 처분 및 법인세법에서 규정하는 것은 제외하고 해당 법인의 순자산을 감소시키는 거래로 인하여 발생하는 손실 또는 비용의 금액(이하 '손비')으로 한다. 손비는 이 법 및 다른 법률에서 달리 정하고 있는 것을 제외하고는 그 법인의 사업과 관련하여 발생하거나 지출된 손실 또는 비용으로서 일반적으로 인정되는 통상적인 것이거나 수익과 직접 관련된 것으로 한다.

052 판매한 상품 또는 제품의 보관료, 포장비, 운반비, 판매장려금 및 판매수당 등 판매와 관련된 부대비용(판매장려금 및 판매수당의 경우 사전약정 없이 지급하는 경우는 제외)은 손금이다. ⭕❌

052. 정답 ❌
판매한 상품 또는 제품의 보관료, 포장비, 운반비, 판매장려금 및 판매수당 등 판매와 관련된 부대비용(판매장려금 및 판매수당의 경우 사전약정 없이 지급하는 경우를 포함)은 손금이다.

053 영업자가 조직한 단체로서 법인이거나 주무관청에 등록된 조합 또는 협회에 지급한 회비는 손금불산입 항목이다. ⭕❌

053. 정답 ❌
영업자가 조직한 단체로서 법인이거나 주무관청에 등록된 조합 또는 협회에 지급한 회비는 손금 항목이다.

054 장식·환경미화 등의 목적으로 사무실·복도 등 여러 사람이 볼 수 있는 공간에 항상 전시하는 미술품의 취득가액을 그 취득한 날이 속하는 사업연도의 손비로 계상한 경우에는 그 취득가액(취득가액이 거래단위별로 5백만 원 이하인 것으로 한정함)은 손금 항목이다. ○ ×

054. 정답 ×
장식·환경미화 등의 목적으로 사무실·복도 등 여러 사람이 볼 수 있는 공간에 항상 전시하는 미술품의 취득가액을 그 취득한 날이 속하는 사업연도의 손비로 계상한 경우에는 그 취득가액(취득가액이 거래단위별로 1천만원 이하인 것으로 한정함)은 손금 항목이다.

055 광고선전 목적으로 기증한 물품의 구입비용(개당 1만원을 초과하는 물품으로서 특정인에게 기증한 물품의 경우에는 연간 3만원 이내의 금액에 한함)은 손금이다. ○ ×

055. 정답 ×
광고선전 목적으로 기증한 물품의 구입비용(개당 3만원을 초과하는 물품으로서 특정인에게 기증한 물품의 경우에는 연간 5만원 이내의 금액에 한함)은 손금이다.

056 인건비, 복리후생비 중 대통령령으로 정하는 바에 따라 과다하거나 부당하다고 인정하는 금액은 내국법인의 각 사업연도의 소득금액을 계산할 때 익금에 산입하지 아니한다. ○ ×

056. 정답 ×
인건비, 복리후생비 중 대통령령으로 정하는 바에 따라 과다하거나 부당하다고 인정하는 금액은 내국법인의 각 사업연도의 소득금액을 계산할 때 손금에 산입하지 아니한다.

057 판매한 상품 또는 제품에 대한 원료의 매입가액(기업회계기준에 따른 매입에누리금액 및 매입할인금액 포함)과 그 부대비용은 손금 항목이다. ○ ×

057. 정답 ×
판매한 상품 또는 제품에 대한 원료의 매입가액(기업회계기준에 따른 매입에누리금액 및 매입할인금액을 제외)과 그 부대비용은 손금 항목이다.

058 양도한 자산의 양도당시의 양도가액은 손금이다. ○ ×

058. 정답 ×
양도한 자산의 양도당시의 장부가액은 손금이다.

059 업무와 관련있는 해외시찰·훈련비는 손금불산입 항목이다. ○ ×

059. 정답 ×
업무와 관련있는 해외시찰·훈련비는 손금 항목이다.

060 법인은 각 사업연도에 그 사업과 관련된 모든 거래에 관한 증명서류를 작성하거나 받아서 과세표준 신고기한이 지난 날부터 15년간 보관하여야 한다. ○ ☒

060. 정답 ☒
법인은 각 사업연도에 그 사업과 관련된 모든 거래에 관한 증명서류를 작성하거나 받아서 과세표준 신고기한이 지난 날부터 5년간 보관하여야 한다. 다만, 각 사업연도 개시일 전 5년이 되는 날 이전에 개시한 사업연도에서 발생한 결손금을 각 사업연도의 소득에서 공제하려는 법인은 해당 결손금이 발생한 사업연도의 증명서류를 공제되는 소득의 귀속사업연도의 과세표준 신고기한부터 1년이 되는 날까지 보관하여야 한다.

07 인건비 및 세금과 공과금

061 결산을 확정할 때 잉여금의 처분을 손비로 계상한 금액은 손금항목이다. ○ ☒

061. 정답 ☒
결산을 확정할 때 잉여금의 처분을 손비로 계상한 금액은 손금불산입 항목이다.

062 각 사업연도에 납부하였거나 납부할 법인세(외국납부세액공제를 적용하는 경우의 외국법인세액을 포함) 또는 법인지방소득세와 각 세법에 규정된 의무 불이행으로 인하여 납부하였거나 납부할 세액(가산세 제외) 및 부가가치세의 매입세액(부가가치세가 면제되거나 그 밖에 대통령령으로 정하는 경우의 세액은 제외)은 손금불산입 항목이다. ○ ☒

062. 정답 ☒
각 사업연도에 납부하였거나 납부할 법인세(외국납부세액공제를 적용하는 경우의 외국법인세액을 포함) 또는 법인지방소득세와 각 세법에 규정된 의무 불이행으로 인하여 납부하였거나 납부할 세액(가산세를 포함) 및 부가가치세의 매입세액(부가가치세가 면제되거나 그 밖에 대통령령으로 정하는 경우의 세액은 제외)은 손금불산입 항목이다.

063 공과금은 예외없이 각 사업연도의 소득금액을 계산할 때 손금에 산입한다. ○ ☒

063. 정답 ☒
법령에 따라 의무적으로 납부하는 것이 아닌 공과금은 각 사업연도의 소득금액을 계산할 때 손금에 산입하지 아니한다.

064 법령에 따른 의무의 불이행 또는 금지·제한 등의 위반에 대한 제재(制裁)로서 부과되는 공과금은 손금 항목이다. ○ ☒

064. 정답 ☒
법령에 따른 의무의 불이행 또는 금지·제한 등의 위반에 대한 제재(制裁)로서 부과되는 공과금은 손금불산입 항목이다.

065 내국법인이 지급한 손해배상금 중 실제 발생한 손해를 초과하여 지급하는 금액은 내국법인의 각 사업연도의 소득금액을 계산할 때 손금에 산입하지 아니한다. 실제 발생한 손해액이 분명하지 아니한 경우에는 내국법인이 지급한 손해배상금에 3분의 1을 곱한 금액을 손금불산입 대상 손해배상금으로 한다. ⭕❌

> **065.** 정답 ❌
> 내국법인이 지급한 손해배상금 중 실제 발생한 손해를 초과하여 지급하는 금액은 내국법인의 각 사업연도의 소득금액을 계산할 때 손금에 산입하지 아니한다. 실제 발생한 손해액이 분명하지 아니한 경우에는 내국법인이 지급한 손해배상금에 3분의 2를 곱한 금액을 손금불산입 대상 손해배상금으로 한다.

066 「부가가치세법」 제42조에 따라 공제받는 의제매입세액과 「조세특례제한법」 제108조에 따라 공제받는 매입세액은 해당 법인의 각 사업연도의 소득금액계산을 할 때 해당 원재료의 매입가액에서 이를 공제한다. ⭕❌

> **066.** 정답 ⭕
> 「부가가치세법」 제42조에 따라 공제받는 의제매입세액과 「조세특례제한법」 제108조에 따라 공제받는 매입세액은 해당 법인의 각 사업연도의 소득금액계산을 할 때 해당 원재료의 매입가액에서 이를 공제한다.

067 「개별소비세법」 제1조제2항제3호에 따른 자동차(운수업, 자동차판매업 등 대통령령으로 정하는 업종에 직접 영업으로 사용되는 것은 제외)의 구입과 임차 및 유지에 관한 매입세액은 부가가치세 매입세액은 불공제되지만, 법인세법상 손금으로 인정된다. ⭕❌

> **067.** 정답 ⭕
> 「개별소비세법」 제1조제2항제3호에 따른 자동차(운수업, 자동차판매업 등 대통령령으로 정하는 업종에 직접 영업으로 사용되는 것은 제외)의 구입과 임차 및 유지에 관한 매입세액은 부가가치세 매입세액은 불공제되지만, 법인세법상 손금으로 인정된다.

068 법인이 그 임원 또는 직원에게 이익처분에 의하여 지급하는 상여금은 이를 손금에 산입하지 아니한다. 이 경우 합명회사 또는 합자회사의 노무출자사원에게 지급하는 보수는 이익처분에 의한 상여로 본다. ⭕❌

> **068.** 정답 ⭕
> 법인이 그 임원 또는 직원에게 이익처분에 의하여 지급하는 상여금은 이를 손금에 산입하지 아니한다. 이 경우 합명회사 또는 합자회사의 노무출자사원에게 지급하는 보수는 이익처분에 의한 상여로 본다.

069 법인이 임직원에게 지급하는 상여금 중 정관·주주총회·사원총회 또는 이사회의 결의에 의하여 결정된 급여지급기준에 의하여 지급하는 금액을 초과하여 지급한 경우 그 초과금액은 이를 손금에 산입하지 아니한다. ⭕❌

> **069.** 정답 ❌
> 법인이 임원에게 지급하는 상여금 중 정관·주주총회·사원총회 또는 이사회의 결의에 의하여 결정된 급여지급기준에 의하여 지급하는 금액을 초과하여 지급한 경우 그 초과금액은 이를 손금에 산입하지 아니한다.

070 법인의 해산에 의하여 퇴직하는 임원 또는 직원에게 지급하는 해산수당 또는 퇴직위로금 등은 해산등기일이 속하는 사업연도의 손금으로 한다. ⊙ⓧ

070. 정답 ✗
법인의 해산에 의하여 퇴직하는 임원 또는 직원에게 지급하는 해산수당 또는 퇴직위로금 등은 최종사업연도의 손금으로 한다.

08 접대비(=기업업무추진비)·기부금·지급이자

071 천재지변으로 생기는 이재민을 위한 구호금품의 가액은 소득금액의 10%를 한도로 하는 일반기부금이다. ⊙ⓧ

071. 정답 ✗
천재지변으로 생기는 이재민을 위한 구호금품의 가액은 소득금액의 50%를 한도로 하는 특례기부금이다.

072 기부금을 손금에 산입하는 경우에는 해당 사업연도에 지출한 기부금을 이월된 기부금보다 먼저 손금에 산입한다. ⊙ⓧ

072. 정답 ✗
기부금을 손금에 산입하는 경우에는 이월된 금액을 해당 사업연도에 지출한 기부금보다 먼저 손금에 산입한다. 이 경우 이월된 금액은 먼저 발생한 이월금액부터 손금에 산입한다.

073 법인세법상 "접대비(=기업업무추진비)"란 접대, 교제, 사례 또는 그 밖에 어떠한 명목이든 상관없이 이와 유사한 목적으로 지출한 비용으로서 업무와 무관하게 지출한 금액을 말한다. ⊙ⓧ

073. 정답 ✗
법인세법상 "접대비(=기업업무추진비)"란 접대, 교제, 사례 또는 그 밖에 어떠한 명목이든 상관없이 이와 유사한 목적으로 지출한 비용으로서 내국법인이 직접 또는 간접적으로 업무와 관련이 있는 자와 업무를 원활하게 진행하기 위하여 지출한 금액을 말한다.

074 내국법인이 한 차례의 접대에 지출한 접대비(=기업업무추진비) 중 1만원(경조금은 20만원)을 초과하는 접대비(=기업업무추진비)는 적격증명서류를 수취하지 않은 경우에는 각 사업연도의 소득금액을 계산할 때 손금에 산입하지 아니한다. 다만, 지출사실이 객관적으로 명백한 경우로서 접대비(=기업업무추진비)라는 증거자료를 구비하기 어려운 국외지역에서의 지출 및 농어민에 대한 지출 등 대통령령으로 정하는 지출은 그러하지 아니하다. ⊙ⓧ

074. 정답 ✗
내국법인이 한 차례의 접대에 지출한 접대비(=기업업무추진비) 중 3만원(경조금은 20만원)을 초과하는 접대비(=기업업무추진비)는 적격증명서류를 수취하지 않은 경우에는 각 사업연도의 소득금액을 계산할 때 손금에 산입하지 아니한다. 다만, 지출사실이 객관적으로 명백한 경우로서 접대비(=기업업무추진비)라는 증거자료를 구비하기 어려운 국외지역에서의 지출 및 농어민에 대한 지출 등 대통령령으로 정하는 지출은 그러하지 아니하다.

075 접대비(=기업업무추진비) 한도초과액에 대한 손금불산입 금액은 무조건 기타소득으로 소득처분한다. ⓞⓧ

075. 정답 ⓧ
접대비(=기업업무추진비) 한도초과액에 대한 손금불산입 금액은 무조건 기타사외유출로 소득처분한다.

076 사업연도가 1월 1일부터 12월 31일까지인 법인의 접대비(=기업업무추진비) 기본한도는 1,200만원(중소기업의 경우에는 2,400만원)이다. ⓞⓧ

076. 정답 ⓧ
사업연도가 1월 1일부터 12월 31일까지인 법인의 접대비(=기업업무추진비) 기본한도는 1,200만원(중소기업의 경우에는 3,600만원)이다.

077 법인이 그 법인 외의 자와 동일한 조직 또는 사업 등을 공동으로 운영하거나 경영함에 따라 발생되거나 지출된 손비 중 대통령령으로 정하는 바에 따라 과다하거나 부당하다고 인정하는 금액은 내국법인의 각 사업연도의 소득금액을 계산할 때 손금에 산입하지 아니한다. ⓞⓧ

077. 정답 ⓞ
법인이 그 법인 외의 자와 동일한 조직 또는 사업 등을 공동으로 운영하거나 경영함에 따라 발생되거나 지출된 손비 중 대통령령으로 정하는 바에 따라 과다하거나 부당하다고 인정하는 금액은 내국법인의 각 사업연도의 소득금액을 계산할 때 손금에 산입하지 아니한다.

078 건설자금이자란 재고자산, 사업용 유형자산 및 무형자산의 매입·제작 또는 건설에 소요되는 차입금(자산의 건설등에 소요된지의 여부가 분명하지 아니한 차입금은 제외, "특정차입금"이라 함)에 대한 지급이자 또는 이와 유사한 성질의 지출금을 말한다. ⓞⓧ

078. 정답 ⓧ
건설자금이자란 사업용 유형자산 및 무형자산의 매입·제작 또는 건설에 소요되는 차입금(자산의 건설등에 소요된지의 여부가 분명하지 아니한 차입금은 제외, "특정차입금"이라 함)에 대한 지급이자 또는 이와 유사한 성질의 지출금을 말한다.

079 지급이자 손금불산입은 채권자가 불분명한 사채의 이자, 지급받은 자가 불분명한 채권·증권의 이자·할인액 또는 차익, 업무무관 자산 관련 지급이자, 건설자금에 충당한 차입금의 이자의 순서로 세무조정한다. ⓞⓧ

079. 정답 ⓧ
지급이자 손금불산입은 채권자가 불분명한 사채의 이자, 지급받은 자가 불분명한 채권·증권의 이자·할인액 또는 차익, 건설자금에 충당한 차입금의 이자, 업무무관 자산 관련 지급이자의 순서로 세무조정한다.

080 건설자금이자의 손금불산입 시 특정차입금의 연체로 인하여 생긴 이자를 원본에 가산한 경우 그 가산한 금액은 이를 해당 사업연도의 자본적 지출로 하고, 그 원본에 가산한 금액에 대한 지급이자는 이를 손금으로 한다. ⊙ ⊠

080. 정답 ⊙
건설자금이자의 손금불산입 시 특정차입금의 연체로 인하여 생긴 이자를 원본에 가산한 경우 그 가산한 금액은 이를 해당 사업연도의 자본적 지출로 하고, 그 원본에 가산한 금액에 대한 지급이자는 이를 손금으로 한다.

09 자산·부채의 평가 및 손익의 귀속시기

081 내국법인의 각 사업연도의 익금과 손금의 귀속사업연도는 그 익금과 손금이 발생한 사업연도로 한다. ⊙ ⊠

081. 정답 ⊠
내국법인의 각 사업연도의 익금과 손금의 귀속사업연도는 그 익금과 손금이 확정된 날이 속하는 사업연도로 한다.

082 타인으로부터 매입한 자산(단기금융자산 포함)의 취득원가는 매입가액에 취득세(농어촌특별세와 지방교육세를 포함), 등록면허세, 그 밖의 부대비용을 가산한 금액으로 한다. ⊙ ⊠

082. 정답 ⊠
타인으로부터 매입한 자산(단기금융자산 등은 제외)의 취득원가는 매입가액에 취득세(농어촌특별세와 지방교육세를 포함), 등록면허세, 그 밖의 부대비용을 가산한 금액으로 한다. (단, 법인이 토지와 그 토지에 정착된 건물 및 그 밖의 구축물 등을 함께 취득하여 토지의 가액과 건물등의 가액의 구분이 불분명한 경우 시가에 비례하여 안분계산함) 단, 단기금융자산등은 매입가액을 취득가액으로 한다.

083 내국법인이 보유하는 자산과 부채의 장부가액을 증액 또는 감액(감가상각은 제외)한 경우에는 그 평가일이 속하는 사업연도와 그 후의 각 사업연도의 소득금액을 계산할 때 그 자산과 부채의 장부가액은 평가한 후의 가액으로 한다. ⊙ ⊠

083. 정답 ⊠
내국법인이 보유하는 자산과 부채의 장부가액을 증액 또는 감액(감가상각은 제외)한 경우에는 그 평가일이 속하는 사업연도와 그 후의 각 사업연도의 소득금액을 계산할 때 그 자산과 부채의 장부가액은 평가 전의 가액으로 한다. 다만, 「보험업법」이나 그 밖의 법률에 따른 유형자산 및 무형자산 등의 평가(장부가액을 증액한 경우만 해당함) 및 재고자산 등 대통령령으로 정하는 자산과 부채의 평가에 대해서는 그러하지 아니하다.

084 천재지변 또는 화재, 법령에 의한 수용 등, 채굴예정량의 채진으로 인한 폐광(토지를 포함한 광업용 유형자산이 그 고유의 목적에 사용될 수 없는 경우를 포함함)으로 인해 유형자산이 파손되거나 멸실된 것은 해당 자산의 장부가액을 해당 감액사유가 발생한 사업연도에 감액한 금액을 해당 사업연도의 손비로 계상하는 방법으로 손금에 산입할 수 있다. ◯ ✕

084. 정답 ◯
천재지변 또는 화재, 법령에 의한 수용 등, 채굴예정량의 채진으로 인한 폐광(토지를 포함한 광업용 유형자산이 그 고유의 목적에 사용될 수 없는 경우를 포함함)으로 인해 유형자산이 파손되거나 멸실된 것은 해당 자산의 장부가액을 해당 감액사유가 발생한 사업연도에 감액한 금액을 해당 사업연도의 손비로 계상하는 방법으로 손금에 산입할 수 있다.

085 상품(매매목적용 부동산 포함)·제품 또는 기타의 생산품의 판매 상품 등을 인도한 날을 손익의 귀속시기로 한다. ◯ ✕

085. 정답 ✕
상품(부동산을 제외)·제품 또는 기타의 생산품의 판매 상품 등을 인도한 날을 손익의 귀속시기로 한다.

086 법인이 장기할부조건으로 자산을 판매하거나 양도한 경우에는 그 장기할부조건에 따라 각 사업연도에 회수하였거나 회수할 금액과 이에 대응하는 비용을 각각 해당사업연도의 익금과 손금에 산입한다. ◯ ✕

086. 정답 ✕
법인이 장기할부조건으로 자산을 판매하거나 양도한 경우로서 판매 또는 양도한 자산의 인도일이 속하는 사업연도의 결산을 확정함에 있어서 해당 사업연도에 회수하였거나 회수할 금액과 이에 대응하는 비용을 각각 수익과 비용으로 계상한 경우에는 그 장기할부조건에 따라 각 사업연도에 회수하였거나 회수할 금액과 이에 대응하는 비용을 각각 해당사업연도의 익금과 손금에 산입한다.

087 법인이 매출할인을 하는 경우 그 매출할인금액은 상대방과의 약정에 의한 지급기일(그 지급기일이 정하여 있지 아니한 경우에는 인도한 날)이 속하는 사업연도의 매출액에서 차감한다. ◯ ✕

087. 정답 ✕
법인이 매출할인을 하는 경우 그 매출할인금액은 상대방과의 약정에 의한 지급기일(그 지급기일이 정하여 있지 아니한 경우에는 지급한 날)이 속하는 사업연도의 매출액에서 차감한다.

088 법인이 사채를 발행하는 경우에 상환할 사채금액의 합계액에서 사채발행가액(사채발행수수료와 사채발행을 위하여 직접 필수적으로 지출된 비용을 차감한 후의 가액을 말한다)의 합계액을 공제한 사채할인발행차금은 기업회계기준에 의한 사채할인발행차금의 상각방법에 따라 이를 손금에 산입한다. ◯ ✕

088. 정답 ◯
법인이 사채를 발행하는 경우에 상환할 사채금액의 합계액에서 사채발행가액(사채발행수수료와 사채발행을 위하여 직접 필수적으로 지출된 비용을 차감한 후의 가액을 말한다)의 합계액을 공제한 사채할인발행차금은 기업회계기준에 의한 사채할인발행차금의 상각방법에 따라 이를 손금에 산입한다.

089 장기할부판매의 경우 인도일 이전에 회수하였거나 회수할 금액은 인도일에 회수한 것으로 보며, 법인이 장기할부기간 중에 폐업한 경우에는 그 폐업일 현재 익금에 산입하지 아니한 금액과 이에 대응하는 비용을 대금청산일이 속하는 사업연도의 익금과 손금에 각각 산입한다. ⊙☒

089. 정답 ☒
장기할부판매의 경우 인도일 이전에 회수하였거나 회수할 금액은 인도일에 회수한 것으로 보며, 법인이 장기할부기간 중에 폐업한 경우에는 그 폐업일 현재 익금에 산입하지 아니한 금액과 이에 대응하는 비용을 폐업일이 속하는 사업연도의 익금과 손금에 각각 산입한다.

090 재고자산을 평가할 때 해당 자산을 종류별·영업장별로 각각 다른 방법에 의하여 평가할 수 없다. ⊙☒

090. 정답 ☒
재고자산을 평가할 때 해당 자산을 종류별·영업장별로 각각 다른 방법에 의하여 평가할 수 있다. 이 경우 수익과 비용을 영업의 종목별 또는 영업장별로 각각 구분하여 기장하고, 종목별·영업장별로 제조원가보고서와 포괄손익계산서(포괄손익계산서가 없는 경우에는 손익계산서)를 작성하여야 한다.

10 감가상각 및 업무용승용차

091 일반적인 경우 감가상각은 내국법인이 각 사업연도의 결산을 확정할 때 토지, 건물, 기계 및 장치, 특허권 등의 유형자산 및 무형자산에 대한 감가상각비를 손비로 계상한 경우에는 대통령령으로 정하는 바에 따라 계산한 상각범위액의 범위에서 그 계상한 감가상각비를 해당 사업연도의 소득금액을 계산할 때 손금에 산입하고, 그 계상한 금액 중 상각범위액을 초과하는 금액은 손금에 산입하지 아니한다. ⊙☒

091. 정답 ☒
일반적인 경우 감가상각은 내국법인이 각 사업연도의 결산을 확정할 때 토지를 제외한 건물, 기계 및 장치, 특허권 등 대통령령으로 정하는 유형자산 및 무형자산에 대한 감가상각비를 손비로 계상한 경우에는 대통령령으로 정하는 바에 따라 계산한 상각범위액의 범위에서 그 계상한 감가상각비를 해당 사업연도의 소득금액을 계산할 때 손금에 산입하고, 그 계상한 금액 중 상각범위액을 초과하는 금액은 손금에 산입하지 아니한다.

092 각 사업연도의 소득에 대하여 법인세법과 다른 법률에 따라 법인세를 면제받거나 감면받은 경우에는 개별 자산에 대한 감가상각비가 상각범위액이 되도록 감가상각비를 손금에 산입할 수 있다. ⊙☒

092. 정답 ☒
각 사업연도의 소득에 대하여 법인세법과 다른 법률에 따라 법인세를 면제받거나 감면받은 경우에는 개별 자산에 대한 감가상각비가 상각범위액이 되도록 감가상각비를 손금에 산입하여야 한다.

093 법인이 감가상각비를 손비로 계상하지 않은 경우에는 전기 이전 유보가 있는 경우에도 이를 손금에 산입할 수 없다. ◯☒

093. 정답 ☒
법인이 상각범위액을 초과해 손금에 산입하지 않는 상각부인액은 그 후의 사업연도에 해당 법인이 손비로 계상한 감가상각비가 상각범위액에 미달하는 경우에 그 미달하는 금액(시인부족액)을 한도로 손금에 산입한다. 이 경우 법인이 감가상각비를 손비로 계상하지 않은 경우에도 상각범위액을 한도로 그 상각부인액을 손금에 산입한다.

094 시인부족액은 그 후 사업연도의 상각부인액에 이를 충당한다. ◯☒

094. 정답 ☒
시인부족액은 그 후 사업연도의 상각부인액에 이를 충당하지 못한다.

095 법인이 감가상각자산에 대하여 감가상각과 평가증을 병행한 경우에는 먼저 평가증을 한 후 감가상각범위액을 계산한다. ◯☒

095. 정답 ☒
법인이 감가상각자산에 대하여 감가상각과 평가증을 병행한 경우에는 먼저 감가상각을 한 후 평가증을 한 것으로 보아 상각범위액을 계산한다.

096 감가상각자산을 양도한 경우 당해 자산의 상각부인액은 양도일이 속하는 사업연도의 익금에 이를 산입한다. ◯☒

096. 정답 ☒
감가상각자산을 양도한 경우 당해 자산의 상각부인액은 양도일이 속하는 사업연도의 손금에 이를 산입한다.

097 업무용승용차를 처분하여 발생하는 손실로서 업무용승용차별로 800만원(해당 사업연도가 1년 미만인 경우 800만원에 해당 사업연도의 월수를 곱하고 이를 12로 나누어 산출한 금액을 말한다)을 초과하는 금액은 대통령령으로 정하는 방법에 따라 이월하여 손금에 산입한다. ◯☒

097. 정답 ◯
업무용승용차를 처분하여 발생하는 손실로서 업무용승용차별로 800만원(해당 사업연도가 1년 미만인 경우 800만원에 해당 사업연도의 월수를 곱하고 이를 12로 나누어 산출한 금액을 말한다)을 초과하는 금액은 대통령령으로 정하는 방법에 따라 이월하여 손금에 산입한다.

098 감가상각자산의 일부를 양도한 경우 당해 양도자산에 대한 감가상각누계액 및 상각부인액 또는 시인부족액은 당해 감가상각자산 전체의 감가상각누계액 및 상각부인액 또는 시인부족액에 양도부분의 가액이 당해 감가상각자산의 전체가액에서 차지하는 비율을 곱하여 계산한 금액으로 한다. 이 경우 그 가액은 취득당시의 장부가액에 의한다. ⓞⓧ

098. 정답 ⓞ
감가상각자산의 일부를 양도한 경우 당해 양도자산에 대한 감가상각누계액 및 상각부인액 또는 시인부족액은 당해 감가상각자산 전체의 감가상각누계액 및 상각부인액 또는 시인부족액에 양도부분의 가액이 당해 감가상각자산의 전체가액에서 차지하는 비율을 곱하여 계산한 금액으로 한다. 이 경우 그 가액은 취득당시의 장부가액에 의한다.

099 업무용 승용차 관련비용이란 업무용승용차에 대한 감가상각비, 임차료, 유류비, 보험료, 수선비, 운전기사 급여, 자동차세, 통행료 및 금융리스부채에 대한 이자비용 등 업무용승용차의 취득·유지를 위하여 지출한 비용을 말한다. ⓞⓧ

099. 정답 ⓧ
업무용 승용차 관련비용이란 업무용승용차에 대한 감가상각비, 임차료, 유류비, 보험료, 수선비, 자동차세, 통행료 및 금융리스부채에 대한 이자비용 등 업무용승용차의 취득·유지를 위하여 지출한 비용을 말한다.(운전기사 급여는 업무용 승용차 관련비용이 아니라 인건비임)

100 업무용승용차별 감가상각비 이월액은 해당 사업연도의 다음 사업연도부터 해당 업무용승용차의 업무사용금액 중 감가상각비가 1,500만원에 미달하는 경우 그 미달하는 금액을 한도로 하여 손금으로 추인한다. ⓞⓧ

100. 정답 ⓧ
업무용승용차별 감가상각비 이월액은 해당 사업연도의 다음 사업연도부터 해당 업무용승용차의 업무사용금액 중 감가상각비가 800만원에 미달하는 경우 그 미달하는 금액을 한도로 하여 손금으로 추인한다.

11 충당금, 합병 등

101 퇴직급여충당금을 손금에 산입한 내국법인이 합병하거나 분할하는 경우 그 법인의 합병등기일 또는 분할등기일 현재의 해당 퇴직급여충당금 중 합병법인·분할신설법인 또는 분할합병의 상대방 법인이 승계받은 금액은 적격합병의 경우에 한하여 합병법인에 승계된다. ⓞⓧ

101. 정답 ⓧ
퇴직급여충당금을 손금에 산입한 내국법인이 합병하거나 분할하는 경우 그 법인의 합병등기일 또는 분할등기일 현재의 해당 퇴직급여충당금 중 합병법인·분할신설법인 또는 분할합병의 상대방 법인("합병법인등")이 승계받은 금액은 그 합병법인등이 합병등기일 또는 분할등기일에 가지고 있는 퇴직급여충당금으로 본다. 따라서 적격합병 및 비적격합병에 관계없이 합병법인에 승계된다.

102 내국법인이 각 사업연도의 결산을 확정할 때 외상매출금, 대여금 및 그 밖에 이에 준하는 채권의 대손에 충당하기 위하여 대손충당금을 손비로 계상한 경우에는 해당 대손충당금을 해당 사업연도의 소득금액을 계산할 때 전액 손금에 산입한다. ○ ×

102. 정답 ×
내국법인이 각 사업연도의 결산을 확정할 때 외상매출금, 대여금 및 그 밖에 이에 준하는 채권의 대손(貸損)에 충당하기 위하여 대손충당금을 손비로 계상한 경우에는 대통령령으로 정하는 바에 따라 계산한 금액의 범위에서 그 계상한 대손충당금을 해당 사업연도의 소득금액을 계산할 때 손금에 산입한다.

103 대손충당금 설정 한도는 해당 사업연도종료일 현재의 채권잔액의 100분의 2에 상당하는 금액과 채권잔액에 대손실적률을 곱하여 계산한 금액 중 큰 금액을 말한다. ○ ×

103. 정답 ×
대손충당금 설정 한도는 해당 사업연도종료일 현재의 채권잔액의 100분의 1에 상당하는 금액과 채권잔액에 대손실적률을 곱하여 계산한 금액 중 큰 금액을 말한다.

104 채무보증(「독점규제 및 공정거래에 관한 법률」 제24조 각 호의 어느 하나에 해당하는 채무보증 등 대통령령으로 정하는 채무보증은 제외)으로 인하여 발생한 구상채권은 대손금으로 인정되지 않으나, 대손충당금 설정은 할 수 있다. ○ ×

104. 정답 ×
채무보증(「독점규제 및 공정거래에 관한 법률」 제24조 각 호의 어느 하나에 해당하는 채무보증 등 대통령령으로 정하는 채무보증은 제외)으로 인하여 발생한 구상채권은 대손금으로 인정되지 않고, 대손충당금 설정도 하지 못한다.

105 내국법인이 국고보조금등을 지급받아 그 지급받은 날이 속하는 사업연도의 종료일까지 대통령령으로 정하는 사업용자산을 취득하거나 개량하는 데에 사용한 경우 또는 사업용자산을 취득하거나 개량하고 이에 대한 국고보조금등을 사후에 지급받은 경우에는 해당 사업용자산의 가액 중 그 사업용자산의 취득 또는 개량에 사용된 국고보조금등 상당액을 대통령령으로 정하는 바에 따라 그 사업연도의 소득금액을 계산할 때 손금에 산입할 수 있다. ○ ×

105. 정답 ○
내국법인이 국고보조금등을 지급받아 그 지급받은 날이 속하는 사업연도의 종료일까지 대통령령으로 정하는 사업용자산을 취득하거나 개량하는 데에 사용한 경우 또는 사업용자산을 취득하거나 개량하고 이에 대한 국고보조금등을 사후에 지급받은 경우에는 해당 사업용자산의 가액 중 그 사업용자산의 취득 또는 개량에 사용된 국고보조금등 상당액을 대통령령으로 정하는 바에 따라 그 사업연도의 소득금액을 계산할 때 손금에 산입할 수 있다.

106 국고보조금등을 지급받은 날이 속하는 사업연도의 종료일까지 사업용자산을 취득하거나 개량하지 아니한 내국법인이 그 사업연도의 다음 사업연도 개시일부터 2년 이내에 사업용자산을 취득하거나 개량하려는 경우에는 취득 또는 개량에 사용하려는 국고보조금등의 금액을 손금에 산입할 수 있다. ○ ☒

106. 정답 ☒
국고보조금등을 지급받은 날이 속하는 사업연도의 종료일까지 사업용자산을 취득하거나 개량하지 아니한 내국법인이 그 사업연도의 다음 사업연도 개시일부터 1년 이내에 사업용자산을 취득하거나 개량하려는 경우에는 취득 또는 개량에 사용하려는 국고보조금등의 금액을 손금에 산입할 수 있다.

107 피합병법인이 합병으로 해산하는 경우에는 그 법인의 자산을 합병법인에 양도한 것으로 본다. 이 경우 그 양도에 따라 발생하는 양도손익(피합병법인이 합병법인으로부터 받은 양도가액에서 피합병법인의 합병등기일 현재의 순자산 시가를 뺀 금액)은 피합병법인이 합병등기일이 속하는 사업연도의 소득금액을 계산할 때 익금 또는 손금에 산입한다. ○ ☒

107. 정답 ☒
피합병법인이 합병으로 해산하는 경우에는 그 법인의 자산을 합병법인에 양도한 것으로 본다. 이 경우 그 양도에 따라 발생하는 양도손익(피합병법인이 합병법인으로부터 받은 양도가액에서 피합병법인의 합병등기일 현재의 순자산 장부가액을 뺀 금액)은 피합병법인이 합병등기일이 속하는 사업연도의 소득금액을 계산할 때 익금 또는 손금에 산입한다.

108 비적격합병의 경우로서 합병법인이 합병으로 피합병법인의 자산을 승계한 경우에는 그 자산을 피합병법인으로부터 합병등기일 현재의 장부가액으로 양도받은 것으로 본다. ○ ☒

108. 정답 ☒
비적격합병의 경우로서 합병법인이 합병으로 피합병법인의 자산을 승계한 경우에는 그 자산을 피합병법인으로부터 합병등기일 현재의 시가로 양도받은 것으로 본다.

109 내국법인이 발행주식총수 또는 출자총액을 소유하고 있는 다른 법인을 합병하거나 그 다른 법인에 합병되는 경우에는 비적격합병으로 본다. ○ ☒

109. 정답 ☒
내국법인이 발행주식총수 또는 출자총액을 소유하고 있는 다른 법인을 합병하거나 그 다른 법인에 합병되는 경우에는 적격합병으로 보아 피합병법인의 양도손익이 없는 것으로 할 수 있다.

110 대손충당금을 손금에 산입한 내국법인이 합병하거나 분할하는 경우 그 법인의 합병등기일 또는 분할등기일 현재의 해당 대손충당금 중 합병법인등이 승계(해당 대손충당금에 대응하는 채권이 함께 승계되지 않는 경우 포함)받은 금액은 그 합병법인등이 합병등기일 또는 분할등기일에 가지고 있는 대손충당금으로 본다. ○ ☒

110. 정답 ☒
대손충당금을 손금에 산입한 내국법인이 합병하거나 분할하는 경우 그 법인의 합병등기일 또는 분할등기일 현재의 해당 대손충당금 중 합병법인등이 승계(해당 대손충당금에 대응하는 채권이 함께 승계되는 경우만 해당함)받은 금액은 그 합병법인등이 합병등기일 또는 분할등기일에 가지고 있는 대손충당금으로 본다.

12 법인세 과세표준 및 세액 계산

111 내국법인의 각 사업연도의 소득에 대한 법인세의 과세표준 계산 시 이월결손금 공제는 각 사업연도 소득의 100분의 60(중소기업과 회생계획을 이행 중인 기업 등은 100분의 100)을 한도로 한다. ○ ×

111 정답 ×
내국법인의 각 사업연도의 소득에 대한 법인세의 과세표준 계산 시 이월결손금 공제는 각 사업연도 소득의 100분의 80(중소기업과 회생계획을 이행 중인 기업 등은 100분의 100)을 한도로 한다.

112 과세표준 계산 시 공제하는 이월결손금은 각 사업연도의 개시일 전 10년 이내에 개시한 사업연도에서 발생한 결손금으로서 법인세 과세표준 신고, 수정신고 또는 결정·경정된 과세표준에 포함된 결손금을 말한다. ○ ×

112 정답 ×
과세표준 계산 시 공제하는 이월결손금은 각 사업연도의 개시일 전 15년 이내에 개시한 사업연도에서 발생한 결손금으로서 법인세 과세표준 신고, 수정신고 또는 결정·경정된 과세표준에 포함된 결손금을 말한다.

113 과세표준 계산 상 공제하는 이월결손금은 각 사업연도의 개시일 전 발생한 각 사업연도의 결손금으로서 그 후의 각 사업연도의 과세표준을 계산할 때 공제되지 아니한 금액으로 한다. ○ ×

113 정답 ○
과세표준 계산 상 공제하는 이월결손금은 각 사업연도의 개시일 전 발생한 각 사업연도의 결손금으로서 그 후의 각 사업연도의 과세표준을 계산할 때 공제되지 아니한 금액으로 한다.

114 내국법인의 각 사업연도 소득 중 「공익신탁법」에 따른 공익신탁의 신탁재산에서 생기는 소득은 익금 항목이다. ○ ×

114 정답 ×
내국법인의 각 사업연도 소득 중 「공익신탁법」에 따른 공익신탁의 신탁재산에서 생기는 소득에 대하여는 각 사업연도의 소득에 대한 법인세를 과세하지 아니한다.

115 유동화전문회사, 투자회사 등의 내국법인이 배당가능이익의 100분의 80 이상을 배당한 경우 그 금액은 해당 배당을 결의한 잉여금 처분의 대상이 되는 사업연도의 소득금액에서 공제한다. ○ ×

115 정답 ×
유동화전문회사, 투자회사 등의 내국법인이 배당가능이익의 100분의 90 이상을 배당한 경우 그 금액은 해당 배당을 결의한 잉여금 처분의 대상이 되는 사업연도의 소득금액에서 공제한다.

116 유동화전문회사 등의 소득공제 시 배당금액이 해당 사업연도의 소득금액을 초과하는 경우 해당 금액은 이월하여 공제할 수 없다. ○ ✗

116 정답 ✗
유동화전문회사 등의 소득공제 시 배당금액이 해당 사업연도의 소득금액을 초과하는 경우 그 초과배당금액은 해당 사업연도의 다음 사업연도 개시일부터 5년 이내에 끝나는 각 사업연도로 이월하여 그 이월된 사업연도의 소득금액에서 공제할 수 있다. 다만, 내국법인이 이월된 사업연도에 배당가능이익의 100분의 90 이상을 배당하지 아니하는 경우에는 그 초과배당금액을 공제하지 아니한다.

117 법인세 과세표준이 2억원 이하인 경우 각사업연도소득에 대한 법인세 계산 시 적용할 세율은 10%이다. ○ ✗

117 정답 ✗
법인세 과세표준이 2억원 이하인 경우 각사업연도소득에 대한 법인세 계산 시 적용할 세율은 9%이다.

118 내국법인이 사실과 다른 회계처리를 하여 사실과 다른 회계처리로 인한 경정에 따른 세액공제를 하는 경우 각 사업연도별로 공제하는 금액은 과다 납부한 세액의 100분의 50을 한도로 하고, 공제 후 남아 있는 과다 납부한 세액은 이후 사업연도에 이월하여 공제한다. ○ ✗

118 정답 ✗
내국법인이 사실과 다른 회계처리를 하여 과세표준 및 세액을 과다하게 계상함으로써 「국세기본법」 제45조의2에 따라 경정을 청구하여 경정을 받은 경우에는 과다 납부한 세액을 환급하지 아니하고 그 경정일이 속하는 사업연도부터 각 사업연도의 법인세액에서 과다 납부한 세액을 공제한다. 이 경우 각 사업연도별로 공제하는 금액은 과다 납부한 세액의 100분의 20을 한도로 하고, 공제 후 남아 있는 과다 납부한 세액은 이후 사업연도에 이월하여 공제한다.

119 사업연도의 기간이 6개월을 초과하는 사립학교법인은 각 사업연도 중 중간예납기간에 대한 법인세액을 중간예납세액으로 납부할 의무가 있다. ○ ✗

119 정답 ✗
사업연도의 기간이 6개월을 초과하는 내국법인은 각 사업연도(합병이나 분할에 의하지 아니하고 새로 설립된 법인의 최초 사업연도는 제외) 중 중간예납기간에 대한 법인세액을 중간예납세액으로 납부할 의무가 있다. 다만, 사립학교를 경영하는 학교법인, 직전 사업연도의 중소기업으로서 직전 사업연도를 기준으로 계산한 중간예납세액이 50만원 미만인 내국법인 등은 중간예납세액을 납부할 의무가 없다.

120 납세지 관할 세무서장 또는 관할지방국세청장은 내국법인의 행위 또는 소득금액의 계산이 특수관계인과의 거래로 인하여 그 법인의 소득에 대한 조세의 부담을 부당하게 감소시킨 것으로 인정되는 경우에는 그 법인의 행위 또는 소득금액의 계산과 관계없이 그 법인의 각 사업연도의 소득금액을 계산한다. ○✗

120 정답 ○
납세지 관할 세무서장 또는 관할지방국세청장은 내국법인의 행위 또는 소득금액의 계산이 특수관계인과의 거래로 인하여 그 법인의 소득에 대한 조세의 부담을 부당하게 감소시킨 것으로 인정되는 경우에는 그 법인의 행위 또는 소득금액의 계산과 관계없이 그 법인의 각 사업연도의 소득금액을 계산한다.

13 신고·납부 절차 등

121 내국법인의 각 사업연도 소득 중 「공익신탁법」에 따른 공익신탁의 신탁재산에서 생기는 소득에 대하여는 각 사업연도의 소득에 대한 법인세를 과세하지 아니한다. ○✗

121. 정답 ○
내국법인의 각 사업연도 소득 중 「공익신탁법」에 따른 공익신탁의 신탁재산에서 생기는 소득에 대하여는 각 사업연도의 소득에 대한 법인세를 과세하지 아니한다.

122 국세청장은 내국법인의 행위 또는 소득금액의 계산이 특수관계인과의 거래로 인하여 그 법인의 소득에 대한 조세의 부담을 부당하게 감소시킨 것으로 인정되는 경우에는 그 법인의 행위 또는 소득금액의 계산(부당행위계산)과 관계없이 그 법인의 각 사업연도의 소득금액을 계산한다. ○✗

122. 정답 ✗
납세지 관할 세무서장 또는 관할지방국세청장은 내국법인의 행위 또는 소득금액의 계산이 특수관계인과의 거래로 인하여 그 법인의 소득에 대한 조세의 부담을 부당하게 감소시킨 것으로 인정되는 경우에는 그 법인의 행위 또는 소득금액의 계산(부당행위계산)과 관계없이 그 법인의 각 사업연도의 소득금액을 계산한다.

123 납세의무가 있는 내국법인은 각 사업연도의 종료일부터 3개월(성실신고확인서를 제출하는 경우에는 4개월) 이내에 대통령령으로 정하는 바에 따라 그 사업연도의 소득에 대한 법인세의 과세표준과 세액을 납세지 관할 세무서장에게 신고하여야 한다. ○✗

123. 정답 ✗
납세의무가 있는 내국법인은 각 사업연도의 종료일이 속하는 달의 말일부터 3개월(성실신고확인서를 제출하는 경우에는 4개월) 이내에 대통령령으로 정하는 바에 따라 그 사업연도의 소득에 대한 법인세의 과세표준과 세액을 납세지 관할 세무서장에게 신고하여야 한다.

124 「주식회사 등의 외부감사에 관한 법률」 제4조에 따라 감사인(監査人)에 의한 감사를 받아야 하는 내국법인이 해당 사업연도의 감사가 종결되지 아니하여 결산이 확정되지 아니하였다는 사유로 대통령령으로 정하는 바에 따라 신고기한의 연장을 신청한 경우에는 그 신고기한을 3개월의 범위에서 연장할 수 있다. O X

124. 정답 X
「주식회사 등의 외부감사에 관한 법률」 제4조에 따라 감사인(監査人)에 의한 감사를 받아야 하는 내국법인이 해당 사업연도의 감사가 종결되지 아니하여 결산이 확정되지 아니하였다는 사유로 대통령령으로 정하는 바에 따라 신고기한의 연장을 신청한 경우에는 그 신고기한을 1개월의 범위에서 연장할 수 있다.

125 법인세의 과세표준과 세액을 추계하는 경우에도 이월결손금공제 및 외국납부세액공제를 적용한다. O X

125. 정답 X
법인세의 과세표준과 세액을 추계하는 경우에는 이월결손금 공제 및 외국납부세액공제를 적용하지 아니한다. 다만, 천재지변 등으로 장부나 그 밖의 증명서류가 멸실되어 대통령령으로 정하는 바에 따라 추계하는 경우에는 그러하지 아니하다.

126 납세지 관할 세무서장 또는 관할 지방국세청장은 내국법인이 그 사업연도 중에 대통령령으로 정하는 사유(수시부과사유)로 법인세를 포탈할 우려가 있다고 인정되는 경우에는 수시로 그 법인에 대한 법인세를 수시부과할 수 있다. 이 경우에는 각 사업연도의 소득에 대하여 과세표준 확정신고를 하지 아니한다. O X

126. 정답 X
납세지 관할 세무서장 또는 관할 지방국세청장은 내국법인이 그 사업연도 중에 대통령령으로 정하는 사유(수시부과사유)로 법인세를 포탈(逋脫)할 우려가 있다고 인정되는 경우에는 수시로 그 법인에 대한 법인세를 수시부과할 수 있다. 이 경우에도 각 사업연도의 소득에 대하여 제60조에 따른 과세표준 확정신고를 하여야 한다.

127 내국법인이 납부할 세액이 2천만원을 초과하는 경우에는 대통령령으로 정하는 바에 따라 납부할 세액의 일부를 납부기한이 지난 날부터 1개월(중소기업의 경우에는 2개월) 이내에 분납할 수 있다. O X

127. 정답 X
내국법인이 납부할 세액이 1천만원을 초과하는 경우에는 대통령령으로 정하는 바에 따라 납부할 세액의 일부를 납부기한이 지난 날부터 1개월(중소기업의 경우에는 2개월) 이내에 분납할 수 있다.

128 납부할 세액이 2천만원 이하인 경우에는 1천만원을 초과하는 금액을 분납할 수 있고, 납부할 세액이 2천만원을 초과하는 경우에는 그 세액의 100분의 50 초과하는 금액을 분납할 수 있다. ⭕❌

128. 정답 ❌
납부할 세액이 2천만원 이하인 경우에는 1천만원을 초과하는 금액을 분납할 수 있고, 납부할 세액이 2천만원을 초과하는 경우에는 그 세액의 100분의 50 이하의 금액을 분납할 수 있다.

129 사업연도의 기간이 3개월을 초과하는 내국법인은 각 사업연도(합병이나 분할에 의하지 아니하고 새로 설립된 법인의 최초 사업연도는 제외) 중 중간예납기간에 대한 법인세액(중간예납세액)을 납부할 의무가 있다. ⭕❌

129. 정답 ❌
사업연도의 기간이 6개월을 초과하는 내국법인은 각 사업연도(합병이나 분할에 의하지 아니하고 새로 설립된 법인의 최초 사업연도는 제외) 중 중간예납기간에 대한 법인세액(중간예납세액)을 납부할 의무가 있다.

130 중간예납기간은 해당 사업연도의 개시일부터 6개월이 되는 날까지로 한다. 내국법인은 중간예납기간이 지난 날부터 3개월 이내에 중간예납세액을 납세지 관할 세무서, 한국은행등에 납부하여야 한다. ⭕❌

130. 정답 ❌
중간예납기간은 해당 사업연도의 개시일부터 6개월이 되는 날까지로 한다. 내국법인은 중간예납기간이 지난 날부터 2개월 이내에 중간예납세액을 납세지 관할 세무서, 한국은행등에 납부하여야 한다.

CHAPTER 5 국세징수법

01 총칙

001 "법정납부기한"이란 국세의 종목과 세율을 정하고 있는 법률, 「국세기본법」, 「관세법」, 「조세특례제한법」 및 「국제조세조정에 관한 법률」에서 정한 기한을 말한다. ○ ✕

001. 정답 ✕
"법정납부기한"이란 국세의 종목과 세율을 정하고 있는 법률, 「국세기본법」, 「조세특례제한법」 및 「국제조세조정에 관한 법률」에서 정한 기한을 말한다.

002 "지정납부기한"이란 관할 세무서장이 납부고지 및 독촉을 하면서 지정한 기한을 말한다. ○ ✕

002. 정답 ✕
"지정납부기한"이란 관할 세무서장이 납부고지를 하면서 지정한 기한을 말한다.

003 "체납"이란 국세를 법정납부기한까지 납부하지 아니하는 것을 말한다. 다만, 지정납부기한 후에 납세의무가 성립·확정되는 「국세기본법」 제47조의4에 따른 납부지연가산세 및 같은 법 제47조의5에 따른 원천징수 등 납부지연가산세의 경우 납세의무가 확정된 후 즉시 납부하지 아니하는 것을 말한다. ○ ✕

003. 정답 ✕
"체납"이란 국세를 지정납부기한까지 납부하지 아니하는 것을 말한다. 다만, 지정납부기한 후에 납세의무가 성립·확정되는 「국세기본법」 제47조의4에 따른 납부지연가산세 및 같은 법 제47조의5에 따른 원천징수 등 납부지연가산세의 경우 납세의무가 확정된 후 즉시 납부하지 아니하는 것을 말한다.

004 "체납자"란 국세를 체납한 자를 말한다. ○ ✕

004. 정답 ○
"체납자"란 국세를 체납한 자를 말한다.

005 "체납액"이란 체납된 국세를 말하며, 강제징수비를 제외한다. ○ ✕

005. 정답 ✕
"체납액"이란 체납된 국세와 강제징수비를 말한다.

006 관할 세무서장이 「종합부동산세법」 제16조제1항에 따라 종합부동산세액을 징수하여야 하는 기한은 법정납부기한으로 한다. ⭕❌

006. 정답 ❌
관할 세무서장이 「종합부동산세법」 제16조제1항에 따라 종합부동산세액을 징수하여야 하는 기한은 지정납부기한으로 한다.

007 체납액의 징수 순위는 강제징수비, 가산세, 국세(가산세 제외)의 순서에 따른다. ⭕❌

007. 정답 ❌
체납액의 징수 순위는 강제징수비, 국세(가산세 제외), 가산세의 순서에 따른다.

008 국세의 징수에 관하여 「국세기본법」이나 다른 세법에 특별한 규정이 있는 경우를 제외하고는 「국세징수법」에서 정하는 바에 따른다. ⭕❌

008. 정답 ⭕
국세의 징수에 관하여 「국세기본법」이나 다른 세법에 특별한 규정이 있는 경우를 제외하고는 「국세징수법」에서 정하는 바에 따른다.

009 납세자는 세법에서 정하는 바에 따라 국세를 관할 세무서장에게 신고납부하는 경우 그 국세의 과세기간, 세목(稅目), 세액 및 납세자의 인적사항을 납부고지서에 적어 납부하여야 한다. ⭕❌

009. 정답 ❌
납세자는 세법에서 정하는 바에 따라 국세를 관할 세무서장에게 신고납부하는 경우 그 국세의 과세기간, 세목(稅目), 세액 및 납세자의 인적사항을 납부서에 적어 납부하여야 한다.(납부고지서 → 납부서)

010 「국세징수법」은 국세의 징수에 필요한 사항을 규정함으로써 국민의 납세의무의 적정한 이행을 통하여 국세수입을 확보하는 것을 목적으로 한다. ⭕❌

010. 정답 ⭕
「국세징수법」은 국세의 징수에 필요한 사항을 규정함으로써 국민의 납세의무의 적정한 이행을 통하여 국세수입을 확보하는 것을 목적으로 한다.

02 신고납부, 납부고지 등

011 관할 세무서장은 납세자로부터 국세를 징수하려는 경우 국세의 과세기간, 세목, 세액, 산출 근거, 납부하여야 할 기한(납부고지를 하는 날부터 20일 이내의 범위로 정함) 및 납부장소를 적은 납부고지서를 납세자에게 발급하여야 한다. O X

011. 정답 ✗
관할 세무서장은 납세자로부터 국세를 징수하려는 경우 국세의 과세기간, 세목, 세액, 산출 근거, 납부하여야 할 기한(납부고지를 하는 날부터 30일 이내의 범위로 정함) 및 납부장소를 적은 납부고지서를 납세자에게 발급하여야 한다. 다만, 「국세기본법」에 따른 납부지연가산세 및 원천징수 등 납부지연가산세 중 지정납부기한이 지난 후의 가산세를 징수하는 경우에는 납부고지서를 발급하지 아니할 수 있다.

012 관할 세무서장은 납세자가 체납액 중 국세만을 완납하여 강제징수비를 징수하려는 경우 독촉장을 납세자에게 발급하여야 한다. O X

012. 정답 ✗
관할 세무서장은 납세자가 체납액 중 국세만을 완납하여 강제징수비를 징수하려는 경우 강제징수비의 징수와 관계되는 국세의 과세기간, 세목, 강제징수비의 금액, 산출 근거, 납부하여야 할 기한(강제징수비 고지를 하는 날부터 30일 이내의 범위로 정함) 및 납부장소를 적은 강제징수비고지서를 납세자에게 발급하여야 한다.

013 관할 세무서장은 납세자의 체납액을 제2차 납세의무자, 보증인, 물적납세의무자로부터 징수하는 경우 징수하려는 체납액의 과세기간, 세목, 세액, 산출 근거, 납부하여야 할 기한(납부고지를 하는 날부터 30일 이내의 범위로 정함), 납부장소, 제2차 납세의무자등으로부터 징수할 금액, 그 산출 근거, 그 밖에 필요한 사항을 적은 납부통지서를 제2차 납세의무자등에게 발급하여야 한다. O X

013. 정답 ✗
관할 세무서장은 납세자의 체납액을 제2차 납세의무자, 보증인, 물적납세의무자로부터 징수하는 경우 징수하려는 체납액의 과세기간, 세목, 세액, 산출 근거, 납부하여야 할 기한(납부고지를 하는 날부터 30일 이내의 범위로 정함), 납부장소, 제2차 납세의무자등으로부터 징수할 금액, 그 산출 근거, 그 밖에 필요한 사항을 적은 납부고지서를 제2차 납세의무자등에게 발급하여야 한다.

014 납부고지서는 징수결정 즉시 발급하여야 한다. 다만, 납부고지를 유예한 경우 유예기간이 끝난 날에 발급한다. O X

014. 정답 ✗
납부고지서는 징수결정 즉시 발급하여야 한다. 다만, 납부고지를 유예한 경우 유예기간이 끝난 날의 다음 날에 발급한다.

015 관할 세무서장은 납세자의 국세, 지방세 또는 공과금의 체납으로 강제징수 또는 체납처분이 시작된 경우에는 납부기한 전이라도 이미 납세의무가 성립된 국세를 징수할 수 있다. O X

정답 X
관할 세무서장은 납세자의 국세, 지방세 또는 공과금의 체납으로 강제징수 또는 체납처분이 시작된 경우에는 납부기한 전이라도 이미 납세의무가 확정된 국세를 징수할 수 있다.

016 관할 세무서장은 납세자가 국세를 지정납부기한까지 완납하지 아니한 경우 지정납부기한이 지난 후 10일 이내에 체납된 국세에 대한 독촉장을 발급하여야 한다. 다만, 국세를 납부기한 전에 징수하거나 체납된 국세가 1만원 이하인 경우 등에는 독촉장을 발급하지 아니할 수 있다. O X

정답 X
관할 세무서장은 납세자가 국세를 지정납부기한까지 완납하지 아니한 경우 지정납부기한이 지난 후 10일 이내에 체납된 국세에 대한 독촉장을 발급하여야 한다. 다만, 국세를 납부기한 전에 징수하거나 체납된 국세가 1만원 미만인 경우 등에는 독촉장을 발급하지 아니할 수 있다.

017 관할 세무서장은 납세자가 경영하는 사업에 현저한 손실이 발생하거나 부도 또는 도산의 우려가 있는 경우로서 국세를 납부할 수 없다고 인정되는 경우에는 납부고지를 유예(세액을 분할하여 납부고지하는 것은 제외)할 수 있다. O X

정답 X
관할 세무서장은 납세자가 경영하는 사업에 현저한 손실이 발생하거나 부도 또는 도산의 우려가 있는 경우로서 국세를 납부할 수 없다고 인정되는 경우에는 납부고지를 유예(세액을 분할하여 납부고지하는 것을 포함)할 수 있다.

018 납부고지서 또는 독촉장의 송달이 지연되어 도달한 날에 이미 지정납부기한등이 지난 경우 또는 도달한 날부터 14일 이내에 지정납부기한등이 도래하는 경우에는 도달한 날부터 14일이 지난 날을 지정납부기한등으로 한다. O X

정답 O
납부고지서 또는 독촉장의 송달이 지연되어 도달한 날에 이미 지정납부기한등이 지난 경우 또는 도달한 날부터 14일 이내에 지정납부기한등이 도래하는 경우에는 도달한 날부터 14일이 지난 날을 지정납부기한등으로 한다.

019 관할 세무서장은 납세담보를 제공받은 국세 및 강제징수비가 납부되면 담보 해제를 할 수 있다. O X

정답 X
관할 세무서장은 납세담보를 제공받은 국세 및 강제징수비가 납부되면 지체 없이 담보 해제 절차를 밟아야 한다.

020 금전이나 유가증권을 납세담보로 제공하려는 자는 담보 제공의 뜻을 등록하고 그 등록확인증을 제출하여야 한다. O X

정답 X
금전이나 유가증권을 납세담보로 제공하려는 자는 이를 공탁(供託)하고 그 공탁수령증을 관할 세무서장에게 제출하여야 한다. 다만, 등록된 유가증권의 경우에는 담보 제공의 뜻을 등록하고 그 등록확인증을 제출하여야 한다.

03 강제징수

021 관할 세무서장은 납세자가 납부기한 전 징수의 납부고지를 받고 단축된 기한까지 국세를 완납하지 아니한 경우에는 독촉을 하여 독촉장에 정한 기한까지 납부하지 않는 경우에 압류한다. ⭕❌

021. 정답 ❌
관할 세무서장은 납세자가 독촉을 받고 독촉장에서 정한 기한까지 국세를 완납하지 아니한 경우 납세자의 재산을 압류한다. 단, 납세자가 납부기한 전 징수의 납부고지를 받고 단축된 기한까지 국세를 완납하지 아니한 경우에는 독촉없이 압류한다.

022 관할 세무서장은 국세를 징수하기 위하여 필요한 재산 외의 재산도 압류할 수 있다. ⭕❌

022. 정답 ❌
관할 세무서장은 국세를 징수하기 위하여 필요한 재산 외의 재산을 압류할 수 없다. 다만, 불가분물(不可分物) 등 부득이한 경우에는 압류할 수 있다.

023 퇴직금이나 그 밖에 이와 비슷한 성질을 가진 급여채권에 대해서는 그 총액의 3분의 1에 해당하는 금액은 압류하지 못한다. ⭕❌

023. 정답 ❌
퇴직금이나 그 밖에 이와 비슷한 성질을 가진 급여채권에 대해서는 그 총액의 2분의 1에 해당하는 금액은 압류하지 못한다.

024 부동산 또는 유가증권의 압류는 세무공무원이 점유함으로써 하고, 압류의 효력은 세무공무원이 점유한 때에 발생한다. ⭕❌

024. 정답 ❌
동산 또는 유가증권의 압류는 세무공무원이 점유함으로써 하고, 압류의 효력은 세무공무원이 점유한 때에 발생한다.

025 관할 세무서장은 등기된 부동산 등을 압류하려는 경우 압류조서를 첨부하여 압류등기를 관할 등기소에 촉탁하여야 하며, 부동산 등의 압류의 효력은 그 압류등기 또는 압류의 등록을 촉탁한 때에 발생한다. ⭕❌

025. 정답 ❌
관할 세무서장은 등기된 부동산 등을 압류하려는 경우 압류조서를 첨부하여 압류등기를 관할 등기소에 촉탁하여야 하며, 부동산 등의 압류의 효력은 그 압류등기 또는 압류의 등록이 완료된 때에 발생한다.

026 관할 세무서장은 채권을 압류하려는 경우 그 뜻을 제3채무자에게 통지하여야 한다. 채권 압류의 효력은 채권 압류 통지서가 체납자에게 송달된 때에 발생한다. ◯ ✗

026. 정답 ✗
관할 세무서장은 채권을 압류하려는 경우 그 뜻을 제3채무자에게 통지하여야 한다. 채권 압류의 효력은 채권 압류 통지서가 제3채무자에게 송달된 때에 발생한다.

027 관할세무서장은 체납자에 대하여 여러 재산을 한꺼번에 공매(公賣)하는 경우로서 일부 재산의 공매대금으로 체납액 전부를 징수한 경우에는 압류를 해제할 수 있다. ◯ ✗

027. 정답 ✗
관할세무서장은 체납자에 대하여 여러 재산을 한꺼번에 공매(公賣)하는 경우로서 일부 재산의 공매대금으로 체납액 전부를 징수한 경우에는 압류를 즉시 해제하여야 한다.

028 관할 세무서장은 압류 후 3개월 이내에 매각을 위한 공매공고 등의 행위를 하여야 한다. 다만, 체납된 국세와 관련하여 심판청구등이 계속 중인 경우, 이 법 또는 다른 세법에 따라 압류재산의 매각을 유예한 경우, 압류재산의 감정평가가 곤란한 경우, 그 밖에 이에 준하는 사유로 법률상·사실상 매각이 불가능한 경우에는 그러하지 아니하다. ◯ ✗

028. 정답 ✗
관할 세무서장은 압류 후 1년 이내에 매각을 위한 공매공고 등의 행위를 하여야 한다. 다만, 체납된 국세와 관련하여 심판청구등이 계속 중인 경우, 이 법 또는 다른 세법에 따라 압류재산의 매각을 유예한 경우, 압류재산의 감정평가가 곤란한 경우, 그 밖에 이에 준하는 사유로 법률상·사실상 매각이 불가능한 경우에는 그러하지 아니하다.

029 체납자, 세무공무원, 매각 부동산을 평가한 「감정평가 및 감정평가사에 관한 법률」에 따른 감정평가법인등(감정평가법인의 경우 그 감정평가법인 및 소속 감정평가사를 말함)는 자기 또는 제3자의 명의나 계산으로 압류재산을 매수하지 못한다. ◯ ✗

029. 정답 ◯
체납자, 세무공무원, 매각 부동산을 평가한 「감정평가 및 감정평가사에 관한 법률」에 따른 감정평가법인등(감정평가법인의 경우 그 감정평가법인 및 소속 감정평가사를 말함)는 자기 또는 제3자의 명의나 계산으로 압류재산을 매수하지 못한다.

030 관할 세무서장은 공유자 및 배우자의 우선매수 신청이 있는 경우 그 공유자 또는 체납자의 배우자에게 매각결정을 할 수 있다. ◯ ✗

030. 정답 ✗
관할 세무서장은 공유자 및 배우자의 우선매수 신청이 있는 경우 그 공유자 또는 체납자의 배우자에게 매각결정을 하여야 한다.

04 보칙

031 납세자는 국가, 지방자치단체 또는 대통령령으로 정하는 정부 관리기관과 계약을 체결하는 경우에는 납세증명서를 제출하여야 한다. ⭕❌

031. 정답 ❌
납세자는 국가, 지방자치단체 또는 대통령령으로 정하는 정부 관리기관으로부터 대금을 지급받을 경우(체납액이 없다는 사실의 증명이 필요하지 아니한 경우로서 대통령령으로 정하는 경우는 제외)에는 납세증명서를 제출하여야 한다.

032 납세증명서는 발급일 현재 체납액이 전혀 없다는 사실을 증명하는 문서를 말한다. ⭕❌

032. 정답 ❌
납세증명서는 발급일 현재 재난등으로 인한 납부기한 연장으로 인하여 독촉장에서 정하는 기한의 연장에 관계된 금액, 압류·매각의 유예액 등을 제외하고는 다른 체납액이 없다는 사실을 증명하는 문서를 말하며, 재난등으로 인한 납부기한 연장에 따라 지정납부기한이 연장된 경우 그 사실도 기재되어야 한다.

033 체납 발생일부터 6개월이 지나고 체납액이 500만원 이상인 자에 대한 체납자료는 신용정보집중기관 등이 요구하면 제공할 수 있다. 다만, 체납된 국세와 관련하여 심판청구등이 계속 중이거나 그 밖에 대통령령으로 정하는 경우에는 체납자료를 제공할 수 없다. ⭕❌

033. 정답 ❌
체납 발생일부터 1년이 지나고 체납액이 500만원 이상인 자 또는 1년에 3회 이상 체납하고 체납액이 500만원 이상인 자에 대한 체납자료는 신용정보집중기관 등이 요구하면 제공할 수 있다. 다만, 체납된 국세와 관련하여 심판청구등이 계속 중이거나 그 밖에 대통령령으로 정하는 경우에는 체납자료를 제공할 수 없다.

034 「주택임대차보호법」 제2조에 따른 주거용 건물 또는 「상가건물 임대차보호법」 제2조에 따른 상가건물을 임차하여 사용하려는 자는 해당 건물에 대한 임대차계약을 하기 전에 한하여 임대인의 동의를 받아 그 자가 납부하지 아니한 국세 또는 체납액의 열람을 임차할 건물 소재지의 관할 세무서장에게 신청할 수 있다. ⭕❌

034. 정답 ❌
「주택임대차보호법」 제2조에 따른 주거용 건물 또는 「상가건물 임대차보호법」 제2조에 따른 상가건물을 임차하여 사용하려는 자는 해당 건물에 대한 임대차계약을 하기 전 또는 임대차계약을 체결하고 임대차 기간이 시작하는 날까지 임대인의 동의를 받아 그 자가 납부하지 아니한 국세 또는 체납액의 열람을 임차할 건물 소재지의 관할 세무서장에게 신청할 수 있다. 이 경우 열람 신청은 관할 세무서장이 아닌 다른 세무서장에게도 할 수 있으며, 신청을 받은 세무서장은 열람 신청에 따라야 한다.(2023년 개정. 4월 1일 시행)

035 관할 세무서장은 납세자가 국세(사업과 관련된 국세에 국한하지 아니함)를 체납한 경우 해당 사업의 주무관청에 그 납세자에 대하여 허가등의 갱신과 그 허가등의 근거 법률에 따른 신규 허가등을 하지 아니할 것을 요구할 수 있다. ◯ ✗

035. 정답 ✗
관할 세무서장은 납세자가 허가·인가·면허 및 등록 등을 받은 사업과 관련된 소득세, 법인세 및 부가가치세를 체납한 경우 해당 사업의 주무관청에 그 납세자에 대하여 허가등의 갱신과 그 허가등의 근거 법률에 따른 신규 허가등을 하지 아니할 것을 요구할 수 있다. 다만, 재난, 질병 또는 사업의 현저한 손실, 그 밖에 대통령령으로 정하는 사유가 있는 경우에는 그러하지 아니하다.

036 국세청장은 정당한 사유 없이 5백만원 이상의 국세를 체납한 자 중 대통령령으로 정하는 자에 대하여 법무부장관에게 「출입국관리법」 제4조제3항에 따라 출국금지를 요청하여야 한다. ◯ ✗

036. 정답 ✗
국세청장은 정당한 사유 없이 5천만원 이상의 국세를 체납한 자 중 대통령령으로 정하는 자에 대하여 법무부장관에게 「출입국관리법」 제4조제3항에 따라 출국금지를 요청하여야 한다.

037 국세청장은 「국세기본법」 제81조의13에도 불구하고 체납 발생일부터 1년이 지난 국세의 합계액이 1억원 이상인 경우 체납자의 인적사항 및 체납액 등을 공개할 수 있다. 다만, 체납된 국세와 관련하여 심판청구등이 계속 중이거나 그 밖에 대통령령으로 정하는 경우에는 공개할 수 없다. ◯ ✗

037. 정답 ✗
국세청장은 「국세기본법」 제81조의13에도 불구하고 체납 발생일부터 1년이 지난 국세의 합계액이 2억원 이상인 경우 체납자의 인적사항 및 체납액 등을 공개할 수 있다. 다만, 체납된 국세와 관련하여 심판청구등이 계속 중이거나 그 밖에 대통령령으로 정하는 경우에는 공개할 수 없다.

038 법원은 검사의 청구에 따라 체납자가 국세를 3회 이상 체납하고 있고, 체납 발생일부터 각 1년이 경과하였으며, 체납된 국세의 합계액이 2억원 이상인 경우로서 체납된 국세의 납부능력이 있음에도 불구하고 정당한 사유 없이 체납하고 국세정보위원회의 의결에 따라 해당 체납자에 대한 감치 필요성이 인정되는 경우에는 법원의 결정으로 20일의 범위에서 체납된 국세가 납부될 때까지 그 체납자를 감치(監置)에 처할 수 있다. ◯ ✗

038. 정답 ✗
법원은 검사의 청구에 따라 체납자가 국세를 3회 이상 체납하고 있고, 체납 발생일부터 각 1년이 경과하였으며, 체납된 국세의 합계액이 2억원 이상인 경우로서 체납된 국세의 납부능력이 있음에도 불구하고 정당한 사유 없이 체납하고 국세정보위원회의 의결에 따라 해당 체납자에 대한 감치 필요성이 인정되는 경우에는 법원의 결정으로 30일의 범위에서 체납된 국세가 납부될 때까지 그 체납자를 감치(監置)에 처할 수 있다.

039 ☐☐☐ 관할 세무서장은 허가등을 받아 사업을 경영하는 자가 공시송달을 받은 납부고지서로서 해당 사업과 관련된 소득세, 법인세 및 부가가치세를 3회 이상 체납하고 그 체납된 금액의 합계액이 500만원 이상인 경우 해당 주무관청에 사업의 정지 또는 허가등의 취소를 요구할 수 있다. 🅞🅧

039. 정답 ❌
관할 세무서장은 허가등을 받아 사업을 경영하는 자가 해당 사업과 관련된 소득세, 법인세 및 부가가치세를 3회 이상 체납하고 그 체납된 금액의 합계액이 500만원 이상인 경우 해당 주무관청에 사업의 정지 또는 허가등의 취소를 요구할 수 있다. 다만, 재난, 질병 또는 사업의 현저한 손실, 공시송달의 방법으로 납부고지된 경우 등에는 그러하지 아니하다.

040 ☐☐☐ 납세자가 국가, 지방자치단체 등으로부터 대금을 지급받을 경우라도 납세자가 계약대금 전액을 체납세액으로 납부하거나 계약대금 중 일부 금액으로 체납세액 전액을 납부하려는 경우에는 납세증명서를 제출하지 않을 수 있다. 🅞🅧

040. 정답 ⭕
납세자가 국가, 지방자치단체 등으로부터 대금을 지급받을 경우라도 납세자가 계약대금 전액을 체납세액으로 납부하거나 계약대금 중 일부 금액으로 체납세액 전액을 납부하려는 경우에는 납세증명서를 제출하지 않을 수 있다.

CHAPTER 6 상속세 및 증여세법

01 상속세 및 증여세법

001 "상속"이란 「민법」 제5편에 따른 상속을 말하며, 유증, 사인증여, 유언대용신탁, 수익자연속신탁을 포함한다. ○ ✕

001. 정답 ○
"상속"이란 「민법」 제5편에 따른 상속을 말하며, 유증, 사인증여, 유언대용신탁, 수익자연속신탁을 포함한다.

002 피상속인이 비거주자인 경우에는 상속개시일 현재 모든 상속재산에 대하여 상속세를 부과한다. ○ ✕

002. 정답 ✕
피상속인이 거주자인 경우에는 상속개시일 현재 모든 상속재산에 대하여 상속세를 부과하고, 피상속인이 비거주자인 경우에는 상속개시일 현재의 국내에 있는 모든 상속재산에 대하여 상속세를 부과한다.

003 수증자가 거주자(본점이나 주된 사무소의 소재지가 국내에 있는 비영리법인 제외)인 경우 증여세 과세대상이 되는 모든 증여재산에 대하여 수증자는 증여세를 납부할 의무를 진다. ○ ✕

003. 정답 ✕
수증자가 거주자(본점이나 주된 사무소의 소재지가 국내에 있는 비영리법인을 포함)인 경우 증여세 과세대상이 되는 모든 증여재산에 대하여 수증자는 증여세를 납부할 의무를 진다.

004 명의신탁재산의 증여 의제 규정에 의해 재산을 증여한 것으로 보는 경우(명의자가 영리법인인 경우를 포함)에는 명의수탁자가 해당 재산에 대하여 증여세를 납부할 의무가 있다. ○ ✕

004. 정답 ✕
명의신탁재산의 증여 의제 규정에 의해 재산을 증여한 것으로 보는 경우(명의자가 영리법인인 경우를 포함)에는 실제소유자가 해당 재산에 대하여 증여세를 납부할 의무가 있다.

005 피상속인의 사망으로 인하여 받는 생명보험 또는 손해보험의 보험금으로서 피상속인이 보험계약자인 보험계약에 의하여 받는 것은 상속재산으로 보지아니한다. ○ ✕

005. 정답 ✕
피상속인의 사망으로 인하여 받는 생명보험 또는 손해보험의 보험금으로서 피상속인이 보험계약자인 보험계약에 의하여 받는 것은 상속재산으로 본다.

006 거주자의 사망으로 상속세를 부과하는 경우에 외국에 있는 상속재산에 대하여 외국의 법령에 따라 상속세를 부과받은 경우에도 외국납부세액공제를 받을 수 없다. ⭕❌

006. 정답 ❌
거주자의 사망으로 상속세를 부과하는 경우에 외국에 있는 상속재산에 대하여 외국의 법령에 따라 상속세를 부과받은 경우에는 대통령령으로 정하는 바에 따라 그 부과받은 상속세에 상당하는 금액을 상속세산출세액에서 공제한다.

007 상속세 납부의무가 있는 상속인 또는 수유자는 상속개시일이 속하는 달의 말일부터 3개월 이내에 상속세의 과세가액 및 과세표준을 대통령령으로 정하는 바에 따라 납세지 관할세무서장에게 신고하여야 한다. ⭕❌

007. 정답 ❌
상속세 납부의무가 있는 상속인 또는 수유자는 상속개시일이 속하는 달의 말일부터 6개월 이내에 상속세의 과세가액 및 과세표준을 대통령령으로 정하는 바에 따라 납세지 관할세무서장에게 신고하여야 한다.

008 납세지 관할 세무서장은 상속세 납부세액이 1천만원을 초과하고, 법정 요건을 충족한 경우에는 대통령령으로 정하는 바에 따라 납세의무자의 신청을 받아 물납을 허가할 수 있다. 다만, 물납을 신청한 재산의 관리·처분이 적당하지 아니하다고 인정되는 경우에는 물납허가를 하지 아니할 수 있다. ⭕❌

008. 정답 ❌
납세지 관할 세무서장은 상속세 납부세액이 2천만원을 초과하고, 법정 요건을 충족한 경우에는 대통령령으로 정하는 바에 따라 납세의무자의 신청을 받아 물납을 허가할 수 있다. 다만, 물납을 신청한 재산의 관리·처분이 적당하지 아니하다고 인정되는 경우에는 물납허가를 하지 아니할 수 있다.

009 지방자치단체나 그 밖의 공공단체는 상속세 또는 증여세의 부가세를 부과할 수 없다. ⭕❌

009. 정답 ⭕
지방자치단체나 그 밖의 공공단체는 상속세 또는 증여세의 부가세를 부과할 수 없다.

010 상속개시일 전 10년 이내에 피상속인이 상속인이 아닌 자에게 증여한 재산가액은 상속세 과세가액에 더한다. ⭕❌

010. 정답 ❌
상속개시일 전 10년 이내에 피상속인이 상속인에게 증여한 재산가액 및 상속개시일 전 5년 이내에 피상속인이 상속인이 아닌 자에게 증여한 재산가액은 상속세 과세가액에 더한다.